JN169237

温故知新のリフォーム　五

「旧家再生」をめぐる再発見

旧家再生研究所 編

温故知新のリフォーム 五

刊行にあたり

日本を訪れる海外からのお客様が見たいものに、
大都会の最新鋭のビル群だけでなく、
美しい里山の風景や旧家の立ち並ぶ町並みも含まれることは、
私たちが海外に旅して何を見たいかを考えれば
すぐに想像できることではないかと思います。
歴史、文化、伝統。日本の良きものを一目で納得してもらうのに、
旧家が果たす役割はとても大きいものでしょう。
美しい風景は、おもてなしの一つです。

住友林業ホームテックは、
長年「旧家再生」に携わってきました。
一つひとつの旧家で異なる構成の妙や意匠の工夫、
各地方の風土に合わせた職人の建築技術、
一軒一軒のご家族の家への想いに心を動かし、
それらを次代につなぐという使命に、誇りを感じています。

住友林業四国社有林

住友林業筑波研究所と住友林業ホームテックの研究成果である
家を守り快適な暮らしを可能にする最先端の技術と、
旧家再生に必要な木の匠ならではの技術を合わせ、
安全で快適な旧家リフォームに取り組んでいます。

「古い家が、こんなに住みやすく、美しくなるとは」
そんな嬉しい言葉を耳にするとき、安堵とともに、
旧家を守ってきた方々へ感謝の念がわいてくるのです。
「旧家再生」の現場で再発見した知恵と文化、
それは旧家を育んだ多くの方たちからの贈り物だと思います。
この贈り物をぜひみなさまと共有したいと考えました。
3軒の旧家を古建築に詳しい中山章さんと拝見するなど、
この本では住友林業ホームテックが携わった
21軒の旧家再生の実例をご紹介しています。
日本建築の魅力を再発見していただければ幸いです。

温故知新のリフォーム五　「旧家再生」をめぐる再発見　目次

刊行にあたり　002

ひもとく
旧家リフォーム実例

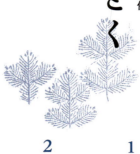

古建築研究家 中山章さんと拝見

1 職人技の光る築120年の旧家 丁寧に残し、かつモダンに　茨城県　T邸　008

2 上品な面影を引き継ぐ焼杉の外壁 落ち着いたなぐり調の床に憩う　三重県鈴鹿市　H邸　022

3 縦にも横にも広がりのある大空間に くつろぎの居場所を点在させて　長野県上伊那郡　A邸　026

つなぐ
旧家リフォーム実例

古建築研究家 中山章さんと拝見

4 減築して次代に受け継ぎやすく いぶし瓦が町並みに品格を添える　大阪府柏原市　N邸　032

5 息子にも気持ちよく託したい これから始まる歴史を見据えて　兵庫県　A邸　042

6 古き良き佇まいを受け継ぎながら梅の花を楽しむ新しい暮らしに
奈良県　U邸 …… 046

7 暖かいリビングでの会話が弾む快適な二世代同居の家
愛知県名古屋市　A邸 …… 049

茶人・宇田川宗光さんのしつらえに見る
床の間を飾る …… 053

旧家リフォーム実例
いかす

古建築研究家 中山章さんと拝見

8 母の好んだ建具を活かして新旧の材料を調和させる
福岡県みやま市　O邸 …… 062

9 新築でなくリフォームを選んでよかった薪ストーブの温もりに人が集う
茨城県常陸太田市　S邸 …… 072

10 築360年の旧家をカフェに気軽にコーヒーを楽しめる土間空間
福島県下郷町　茶房やまだ屋 …… 078

扉・章扉の図版は、襖などに用いられる「江戸からかみ」の伝統的文様です。p.1「青海波（せいがいは）」、p.7「姫小松」、p.31「江戸大桐」、p.61「紀州雲」。協力／東京松屋

温故知新インタビュー

町家リフォーム実例10軒

次代へ引き継ぐ、安全で快適な住まいへ

11 地域のみんなが集まってくる場所 開放感のある五右衛門風呂が楽しい 神奈川県川崎市 S邸 …… 082

古いものを守りながら現代的な快適さも求める …… 087
アレックス・カーさん（東洋文化研究者・古民家再生コンサルタント）
インタビュアー 大澤康人（住友林業ホームテック 旧家再生研究所所長）

いま注目される「町家」再生 …… 093
華久（岐阜県）／T邸（三重県）／O邸（京都府）／N邸（京都府）／Y邸（奈良県）
H邸（京都府）／M邸（大阪府）／U邸（滋賀県）／K邸（奈良県）／T邸（千葉県）

旧家再生の技術 …… 101

「百年のいえ倶楽部」と支店・営業所のご案内 …… 106

実例1、4、8は、歴史的建築物に詳しい中山章さんに解説をしていただいています。

中山章（なかやま・あきら）
一級建築士、中山章建築研究室主宰。1953年福島県生まれ。75年日本大学工学部建築学科卒業。89年中山章建築研究室開設。住宅、木造建築を中心に設計活動を行い、日本建築の研究をとおし、古建築の調査研究、古民家の改修などに携わる。2001年～東洋大学非常勤講師。

ひもとく

旧家リフォーム実例

ひもとく 実例 1

古建築研究家
中山章さんと
拝見

職人技の光る築120年の旧家
丁寧に残し、かつモダンに

茨城県 T邸

Data

築後年数	約120年
改修面積	190.82㎡
施工期間	245日

座敷前に設けられた式台玄関は冠婚葬祭や賓客を迎えるときに使われるもの、という中山章さんの説明に、「そういえば、ここの板戸はお盆の迎えと送りのときだけ開けていましたね」とご主人。

式台玄関の柱には伝統的文様の紗綾(さや)形が彫り込まれていた。天井は格式の高い格天井（ごうてんじょう）。

座敷から前庭と長屋門を見る。新設したサッシは、庭の景色が美しく見えるよう細い格子入りのデザインを特注。

「和洋折衷のディテールが
見受けられますね。
きっと腕の立つ
職人の手による仕事でしょう」

座敷の凝った意匠は、創建当時の姿をほぼ残している。右／座敷天井中央に設けられた八角形のくぼみは、「シャンデリアを下げていたのでは」と中山さん。　中上／天井と壁の境にある廻り縁（まわりぶち）は洋館を思わせるディテール。　中下／欄間（らんま）の精緻な組子細工がほとんど損なわれることなく残っていた。　左／床の間脇の付書院の障子も繊細な組子だ。

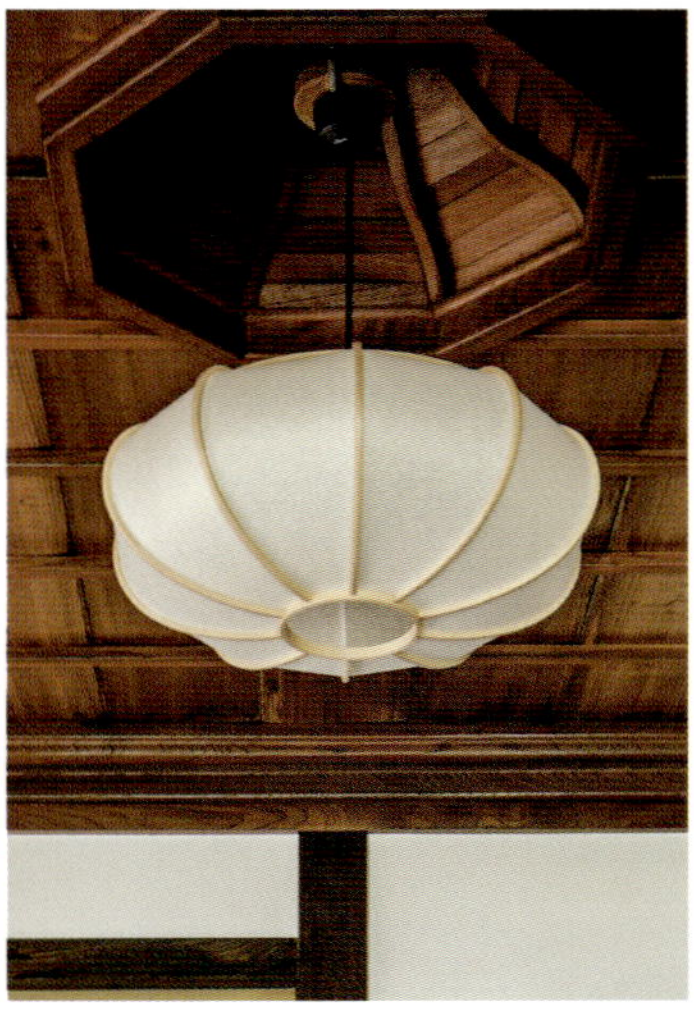

上／大きな長屋門から母屋を望む。　左／母屋の正面外観。式台玄関の入母屋（いりもや）屋根の破風（はふ）には、民家には珍しい木連（きづれ）格子に龍の懸魚（げぎょ）があしらわれ、格式の高さを物語る。左奥に見える小さな入母屋屋根は井戸の上屋で、お寺の鐘楼のように四隅の柱を内側に倒した四方転びになっている。「これも宮大工の仕事だね」と中山さん。　下右／式台玄関左手に付いている小鳥と波の見事な彫り物は部材の端部を隠すため。火除けの願いが込められている。

「立派な式台玄関、大きな瓦屋根、全体のプロポーションにも、旧家の香りが漂っています」

大きなお茶農家だった曾祖父が建てたT邸は、築約１２０年。普段の玄関とは別に設けられている式台玄関、それに続く座敷がきれいに修復され、瓦葺きの大きな屋根と相まって今も威風を放っている。「外観は武家屋敷風で、大変手の込んだ式台玄関なども格式の高さを表しています。元々の間取りは伝統的な民家の田の字型ですが、良い材料を贅沢に使って建てられていますね。屋久杉か薩摩杉と思われる無節の一枚板戸や、構

造材を兼ねた欅《けやき》の大きな差鴨居《さしがもい》など、今ではこれだけの材料を揃えるのは大変です。細工などもきちんと残してあって、この建物の価値が活かされた良いリフォームだと思います」。今回、3軒の旧家を一緒に拝見した歴史的建築物に詳しい建築家の中山章さんはT邸をこう評した。

リフォーム前のT邸は大きな屋根の重みで柱が歪み、隙間風と冬の寒さで大変だった。たまりかねたご両親は40年ほど前に隣に別棟を新築して転居。2年前にお父様が亡くなり、住み手を失った別棟とさらに傷みの進んだこの母屋が残された。Tさんはすべて更地にして夫婦二人の住まいを新築することも考えたという。

だが、「同じものは二度と作れない」とお父様が大事にしていた座敷を壊してしまうのはためらわれ、母屋はリフォームして残し、別棟は更地にすることに決めた。住宅展示場で住友林業のモデルハウスを見学したことをきっかけに住友林業ホームテックに依頼。旧家再生の知識と経験の豊富さ、さらに研究所まで持っている技術へのこだわりから安心して任せられると思ったとTさん。ご夫妻の要望は、座敷の修復に加え、古い建具や欄間をできるだけ活用すること、明るくて暖かく、生活動線の良い住まいにしたい、というものだった。

そこで、家の中央にあった陽の入らない二つの和室をフローリン

「太い梁《はり》や柱、手の込んだ欄間《らんま》や建具が、創建時の豊かさを物語っていますね」

上／段差を小さくした玄関。両親が住んでいた別棟の座敷から持ってきた彫刻入り書院障子をアクセントに。
左／家の中央にあった二間続きの和室を、床の位置を下げてフローリングに。柱のほぞ穴跡は丁寧に埋め木されている。　下／北側に開口部を設け、裏庭まで見通せる開放的な空間に。座敷以外の床はすべてバリアフリーで、動線も明快になった。玄関右手の腰板は、先代自慢の欅(けやき)板戸を転用。チークの無垢床材とも合っている。

グに。和室の北側にあった洗面脱衣室などを撤去して掃き出し窓を新設。抜けの良い景色とともに光と風が入るようになった。ＬＤＫは天井高を上げ、隠れていた立派な梁を現《あらわ》しにしたことで、旧家ならではのモダンな空間が誕生した。「初めはどうなることかと不安でしたが、段差がなくなって動線が良くなり、家事が楽になりました。高い天井も気持ち良いし、暮らしがゆったりしました」と奥様。

中山さんは「この座敷は大変に凝っています。たとえば天井板を支える竿縁《さおぶち》に非常に細く仕立てられた欅が使われています。欅は細いと曲がりやすいのでよほど良質な材でないとこうはできません。大工さんも腕が良い。宮大工の技術と同時に、明治らしい洋館建築の技術や意匠があちこちに見られます」と解説する。

今回のリフォームでは、生活動線の組み立てから古梁の出し方や新調する建具のデザインまで、Tさんと担当者でともに考え決めていったそうだ。「１２０年前の曽祖父の思いをたどりながら自分の思いを重ねていったあの時間は、本当に楽しかった」とTさん。生まれ変わったT邸は、「昔の味わいを上手に残してあっていいですね」と親戚からの評判も上々だという。

上／仏間の天井を見上げる。仏間は裏側のキッチンを広くとるために間口が狭くなったが、その分天井を高くして木組みを現しに。窓側廊下との境にはゆるいアーチ形の下がり壁を新設。左手の寝室側と、右手のキッチン側の壁上部には、古い欄間を移設した。　下／玄関ホールから座敷を望む。夏は葭(よし)戸、冬は襖に、建具が入れ替えられる。

「部材の痕跡や、改修時の埋め木の跡が新たな空間のアクセントとなって歴史の深みを表しています」

縦横に重なり合った木組みが見事なリビング。明かり取りの窓を設けて明るさを確保した。床には床暖房対応のチークの無垢床材を張って床暖房を敷設、冬は足元から暖かく快適に。ほぞ穴を利用して照明を設置した。

「現しになった梁組みや木格子に、赤いモダンなキッチンがしっくりと馴染んでいます」

右／キッチンとの間に古材と色を合わせた木格子をあしらい、リビングの気配を感じながら視線を遮る間仕切りに。大きな掃き出し窓を設けたので「キッチンに立つと外が見えて、とても気持ちが良いです」と奥様。　下右／白い天然石調タイルの床とワインレッドのシステムキッチンが軽やかでモダン。　下左／部材を外した跡の埋め木が随所に見られる。これも新旧をつなぐ一つの意匠だ。

元の和室と広縁をつなげ、チークのウッドタイルの壁がアクセントになったホテルライクな寝室に。クローゼットの裏側にはウォークインクローゼットも設け、充分な収納を確保。

「寝室はすっかり現代の暮らしに。そこに旧邸の欄間が彩りを添えていますね」

大型洗面台や建具もチーク調で統一した洗面脱衣室。竈(かまど)のあった土間を改装したトレーニングルームが隣接している。

Point ここが不便だった

◉隙間風がひどく、掃除をしても砂埃ですぐザラザラに。
◉冬は家の中に風が吹き込み、とても寒かった。
◉床が傷み、畳もぶかぶかしていた。
◉屋根瓦の重みで式台玄関の化粧柱が割れて沈んでいた。
◉家が全体に傾いてしまい、建具の開閉が大変だった。
◉全体にうす暗く、窓がなく昼間でも暗い部屋があった。
◉段差が多く、その上り下りが大変だった。
◉屋根は高いのにLDKの天井が低く、圧迫感があった。
◉使わない竈がそのままになっていた。
◉三つの和室は襖と障子の仕切りのみでプライバシーがなかった。

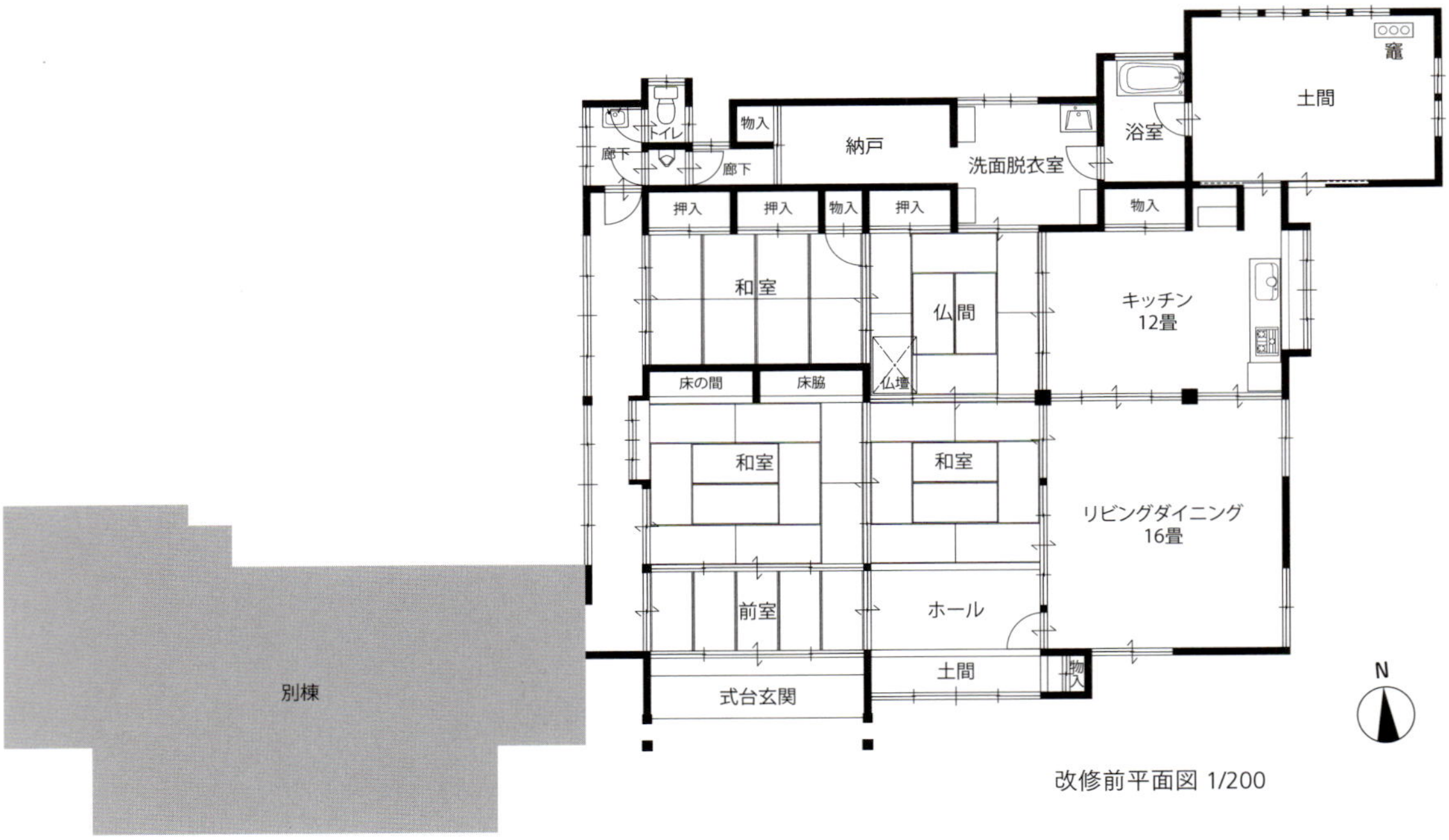

改修前平面図 1/200

＊ ▒ ：未施工範囲

リフォーム前の様子

右／玄関。上がり框が高く、両親が上り下りに苦労していた。中／玄関ホールから続く二つの和室はいつも暗く、右手の土間を改装したリビングダイニングとの段差も大きく使いづらかった。 左／天井が低く、圧迫感のあったリビングダイニング。

After

Point 改善されて快適になった

収納もたっぷり ホテルライクな寝室に

和室と押入や納戸、広縁などを一括して寝室にした。ベッドヘッドの壁面にはウッドタイルを張って、落ち着きのある空間に。夜は仏間側壁面につけた欄間からこぼれる明かりが美しい。意匠的なアクセントとしても効いている。

暗かった和室を 開放感のある板の間に

玄関ホールから一続きのフローリングにして掃き出し窓を新設したことで、今まで暗かった家の中央部分にも光と風が通るように。特に暗かった仏間は梁を現しにしたことで開放感のある空間になった。

竃のあった土間は トレーニングルームに

前の住まいであちこちに置いていた健康機器をひとまとめにできるように、竃を撤去して床を張り、トレーニングルームに。バスルーム、ランドリーに近いのですぐに汗を流せるし、雨の日の洗濯物干し場としても活躍。

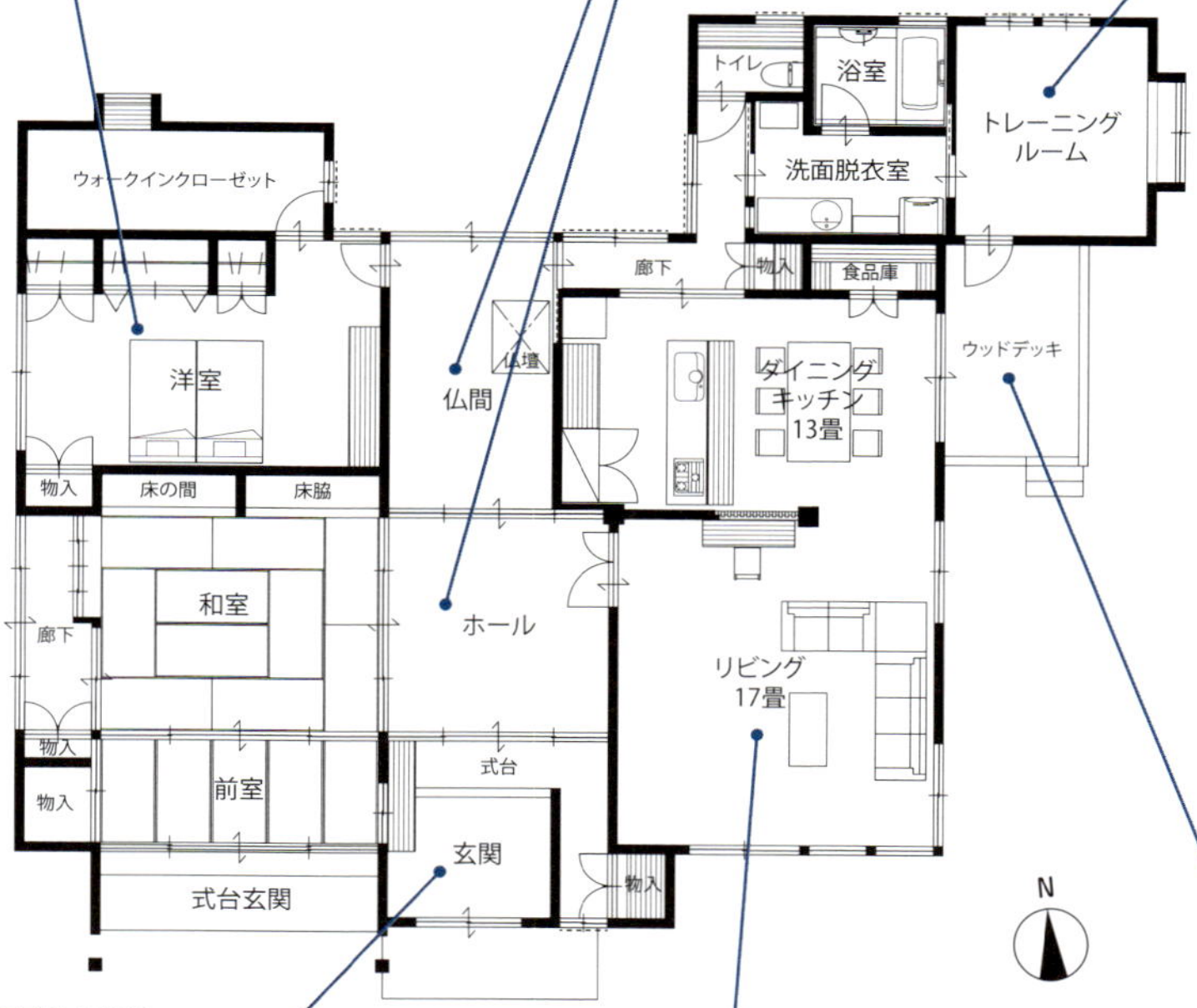

改修後平面図 1/200

上がり框を低くして さらに式台を設置した玄関

両親が苦労していた高すぎる玄関の段差を小さくし、式台も設置。出入りがスムーズになった。さらに収納スペースも確保できたので、いつもすっきりした玄関に。

床暖房で高い天井でも 足元から暖かく

木組みを現しにしたリビング、ダイニングキッチンは床暖房を設置して足元から暖まるように。また、家全体の床、壁、天井を断熱材で覆い、窓は樹脂サッシとLow-Eガラスにして気密性、断熱性を高めたので、一年中快適。

勝手口としても便利な ウッドデッキ

ダイニングキッチンの掃き出し窓の前にウッドデッキを設けて開放的に。駐車場に近く、トレーニングルームからも出入りできるので、洗濯物を干したり、買ってきたものを一時的に置いたり、勝手口としてもとても便利。

ひもとく 実例 2

上品な面影を引き継ぐ焼杉の外壁 落ち着いたなぐり調の床に憩う

三重県鈴鹿市　H邸

外壁には焼杉を使った。それが陽を浴びて銀色に輝く。年月を経て深まる味わいも楽しみ。スリット窓がモダンな表情を作る。

Data

築後年数	約80年
改修面積	145.06㎡
施工期間	163日

上品な佇まいの平屋。右奥のデッキが続く建物がそのまま残した増築部分。屋根のかけ方や棟の高さを合わせて一体感を出した。

元々は海軍将校用の官舎だったというその家は、見るからに佇まいの美しい平屋だ。Hさんの奥様の、お祖父様とお祖母様が長く暮らしていたが、ここ数年は空家となっていた。

この住まいを引き継ぐことにしたHさんご夫妻。当初は建て替えも検討したという。しかし、ダイニングキッチンは5年前に増築したばかりだったし、広縁も気持ちが良さそうに目に映った。

「築約80年ですからさすがに傷みもありますが、壊すのも惜しく、増築部分を残してリフォームすることにしました」とご夫妻は話す。依頼先は、建て替えを住友林業に相談していた縁で、住友林業ホームテックに決めた。

「建て替えるなら洋風にと思っていましたが、リフォームですから、旧家らしい面影を残した和モダンの雰囲気にしたいと思いました。リビングと玄関は広く、それから広縁はぜひ残したいというのが私たちの希望でした」。それを受けて担当者は、二間続きの和室のうち、ダイニングに近い一間を洋間にしてリビングにすることを提案した。旧邸の天井をはがすと堂々とした梁が出てきたことから、この梁を楽しむ開放的なリビング空間を作りあげていったのである。

「梁に合わせて新たに化粧梁を渡し、空間全体のアクセントにしました。また床には、表面に凹凸のある『なぐり調』と呼ばれる仕上げを施した材を使い、壁にはウッドタイルをあしらって、木の質感豊かなリビングを作りました」と担当者は話す。

ご夫妻の要望であった広縁も、リビングと同様になぐり調の床材を張り、天井は既存のものの汚れを丁寧に落として再塗装し、旧邸の面影を引き継いだ。また、空家となっているお父様の生家で細工の美しい格子戸を見つけたご夫妻は、和モダンのインテリアによく似合うと考えて、玄関脇のシュークロークの扉として活かすことにした。

入居後に迎えた十五夜は、広縁で家族揃ってお月見を楽しんだというご夫妻。この住まいならではの心穏やかな暮らしが始まっている。

高い天井に古材の梁がアクセント のびやかでゆとりのある暮らしに

右／玄関は吹抜けにして既存の梁をそのまま見せた。照明器具が空間の高さを強調する。シンプルな白い空間の中の木の豊かな素材感が和モダンの雰囲気を醸し出す。　左／玄関土間に続けてシュークロークを設けた。入り口の建具はお父様の生家にあったものを再利用した。

高天井の開放的なリビング。スポットライトを取り付けた梁は新たに設けた化粧梁。間接照明の光が壁のウッドタイルを引き立てる。

右／和室は一間を以前のまま残した。仏間、床の間の位置も変更しなかったが、内部の仕上げはすべて新しくしている。　左／南側の広縁はできるだけ残し、新たにオークのなぐり調の床で仕上げた。天井は既存のものの汚れを丁寧に落とし、再塗装している。

Before

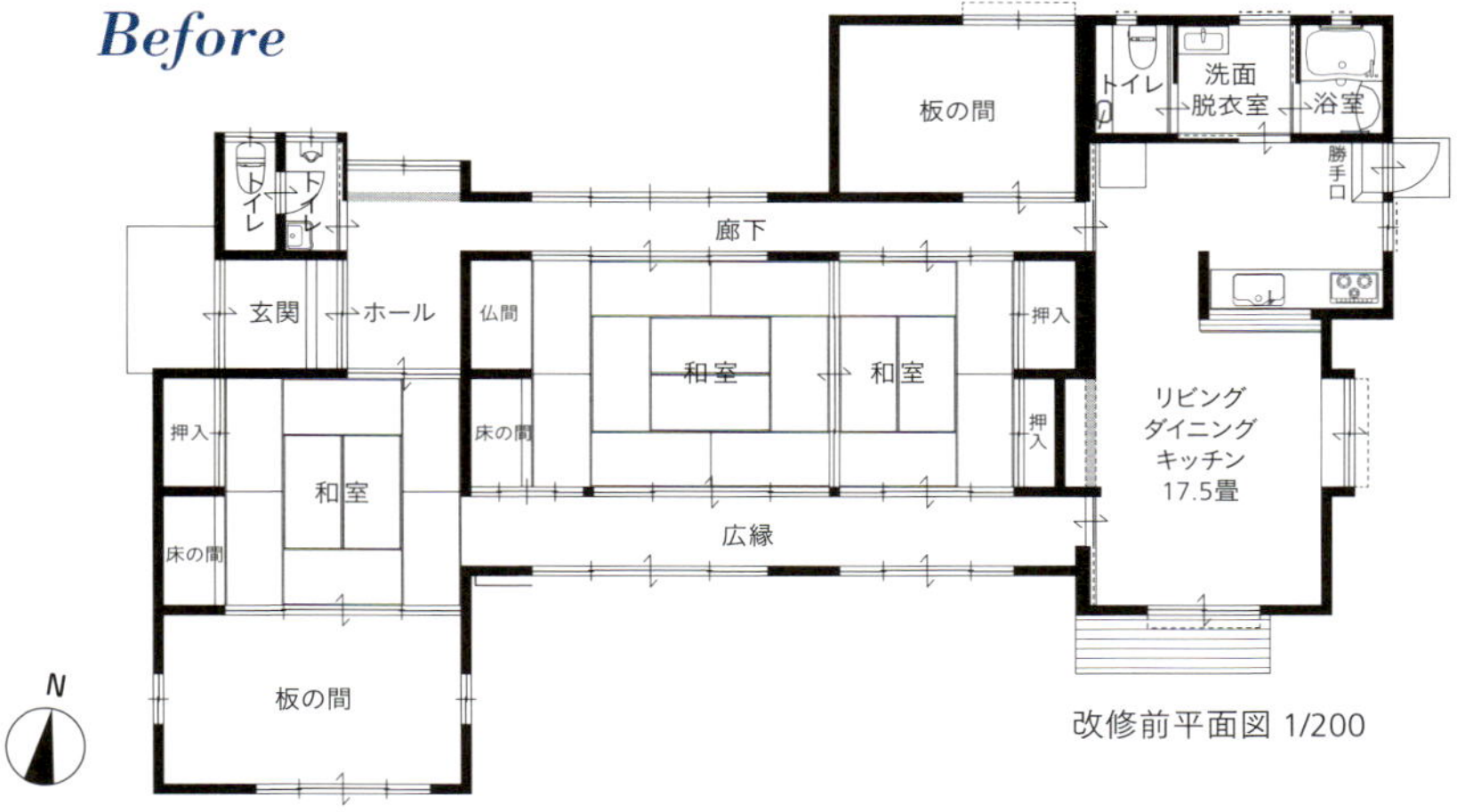

改修前平面図 1/200

After

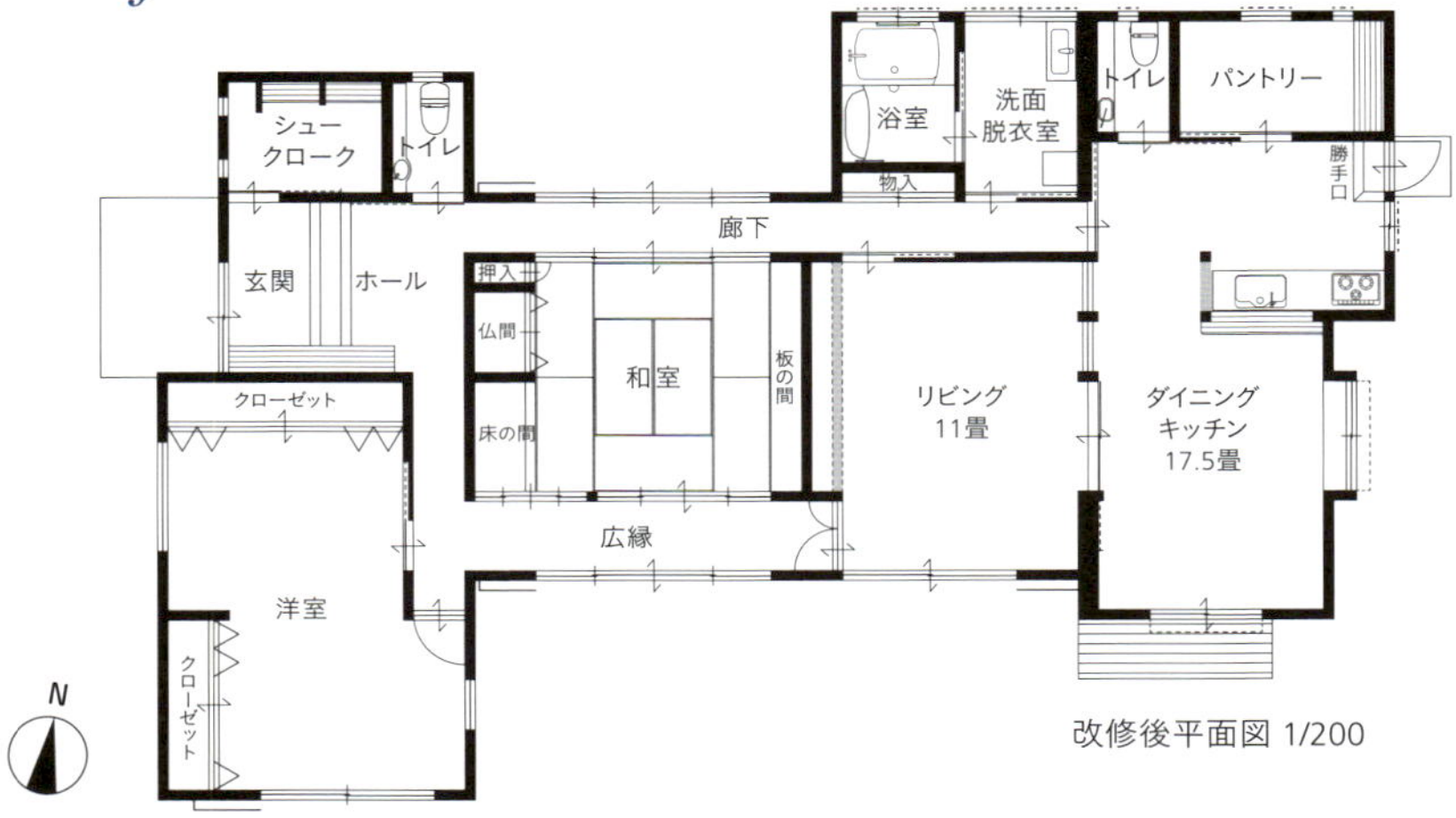

改修後平面図 1/200

リフォーム前の様子

上／5年前の増築部分。浴室・洗面脱衣室のあったところをパントリーとして収納を増やした。　下／建物の玄関の位置はそのまま踏襲。

ひもとく 実例 3

縦にも横にも広がりのある大空間にくつろぎの居場所を点在させて

長野県上伊那郡 A邸

上／今では手に入らない太い柱や梁、差鴨居が見応えのある空間を作っている。囲炉裏はそのまま残し、中央には薪ストーブを設置した。奥にはソファでくつろぐ部屋も。　下右／柱やその下の束石、梁、建具や雨戸など、できるだけ既存のものを残した。　下左／勾配が緩やかで大きな切妻屋根。この地方に伝わる「本棟（ほんむね）造り」を踏襲した。

Data

築後年数	約 200 年
改修面積	244.32㎡
施工期間	150 日

右／潜り戸を備えた玄関の大戸は既存のものを使い、壁は新たに漆喰で仕上げた。白い壁と古材の焦げ茶色のコントラストが美しい。　中／玄関は式台を広くL型に設けて上がりやすいように。下がり壁の一部にガラスを入れ、玄関側に光を取った。　左／居間は一部を吹抜けにして、屋根に設けたトップライトの光を1階まで導いた。階段との間には縦格子を設け、視線を柔らかく遮った。

居間は畳敷きにして足元が冷たくならないように配慮。薪ストーブの周囲は、くりの無垢床材で仕上げた。キッチンを経てダイニングに続く。

右／玄関脇の和室。建具は既存のものを活かした。　左／三間をつないだ居間の一番奥は、ソファでゆったりとくつろぐ部屋。ウッドデッキが続く。雪見障子は旧邸から移設した。杉板の腰壁が清々しい雰囲気を作る。

200年で培われた木材や建具の味わい 新しい装いとともに昔の面影を懐かしむ

その昔、名主だったA家。代々、手を入れて大切にしてきた住まいは、地元、長野県伊那谷ならではの切妻屋根の堂々とした建物だ。しかし、すでに築後200年を数えている。冬の寒さはこたえるし、家の中は暗く、部屋と部屋の間には段差があった。

リフォームしたばかりの四女の家を訪れて、旧家の風情を残した改装ぶりに「古い家も快適になるんだねぇ」と感心したAさん。次女のHさんご夫妻と暮らす住まいを新しくしたいとリフォームを検討した。「暖かく、バリアフリーに、母が楽に生活できるように」とリフォームの旗振り役を務めたのはHさん。また、自分たちの居住空間を2階に設けることを考えた。

リフォームの計画は、四女の家を改装したリフォーム会社に相談。それが住友林業ホームテックだった。早速連絡を取ったところ、「広い空間を作りながら、同時に耐震性も断熱性も高められます、と返事をくれました。それでリフォームをする決意を固めました」とHさんは振り返る。

まず三間続きの和室の天井を取り払って空間を縦に大きく広げ、一部を吹抜けにして、トップライトから明るい光を取った。さらに三間それぞれを、囲炉裏の部屋、薪ストーブの部屋、ソファでくつろぐ部屋と三様に楽しめるようにすることで、そのときの気分に合わせて選べる三つの居間のある住まいとした。

そしてこの居間につなげて、Aさんの部屋を確保。何の不安もなく過ごせるようにバリアフリーの配慮を徹底すると同時に、部屋の一角には、ゆったりと使える洗面室とトイレを設けた。

さらに2階にHさんご夫妻がゆったりくつろげる空間を用意した。ホールを利用してご夫妻専用のセカンドリビングを新設したのである。

「囲炉裏を囲んで焼き肉をしたり、薪ストーブを囲んでのんびりお酒を飲んだり、さらに2階のセカンドリビングでくつろいだり……。居心地の良い場所がたくさんあるので家で過ごす時間が本当に楽しい。薪ストーブと温水を使った全館暖房のおかげで冬も快適です。以前は外で食事をする機会が多かったのですが、今は家の時間を楽しんでいます。たまには外に行こう、と声を掛けるほどです」と笑うご夫妻。家族が互いを思う気持ちが詰まった大空間は、大きなくつろぎに溢れている。

Before

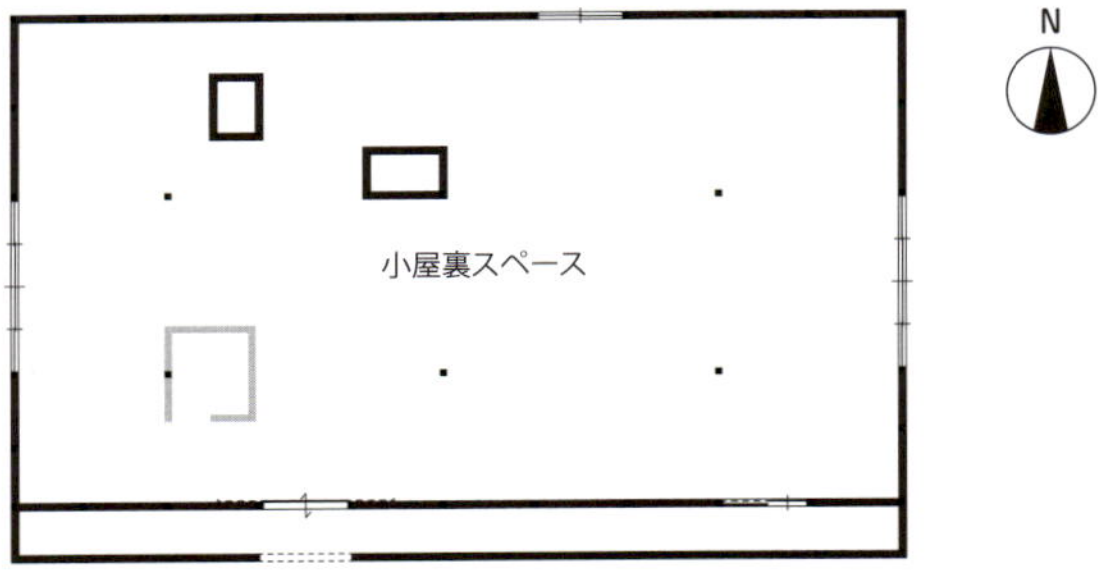

2 階

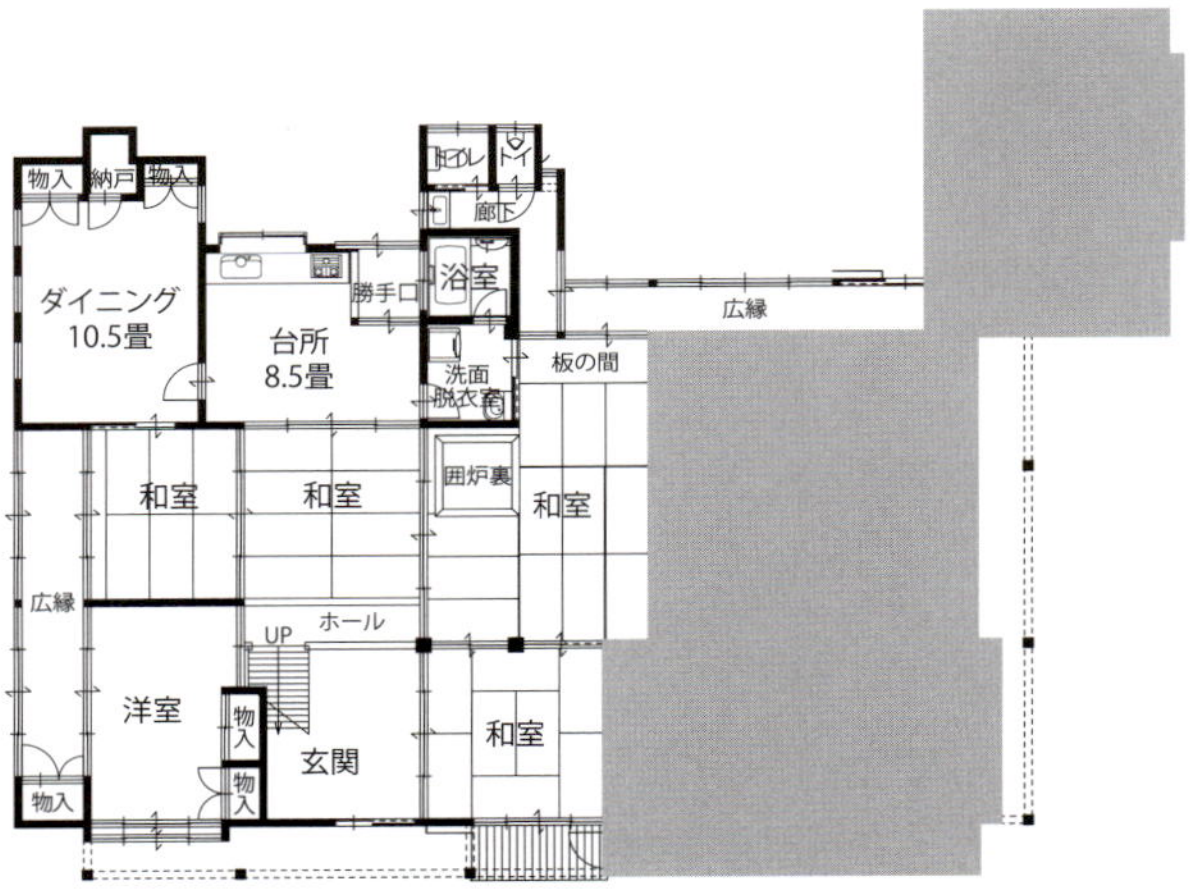

1 階　　改修前平面図 1/300

After

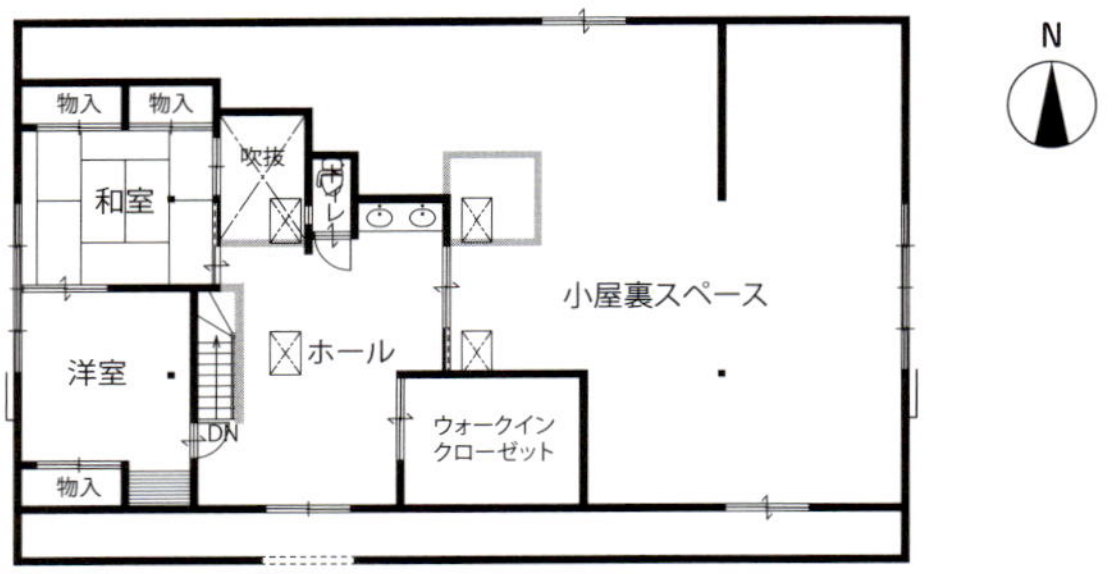

2 階

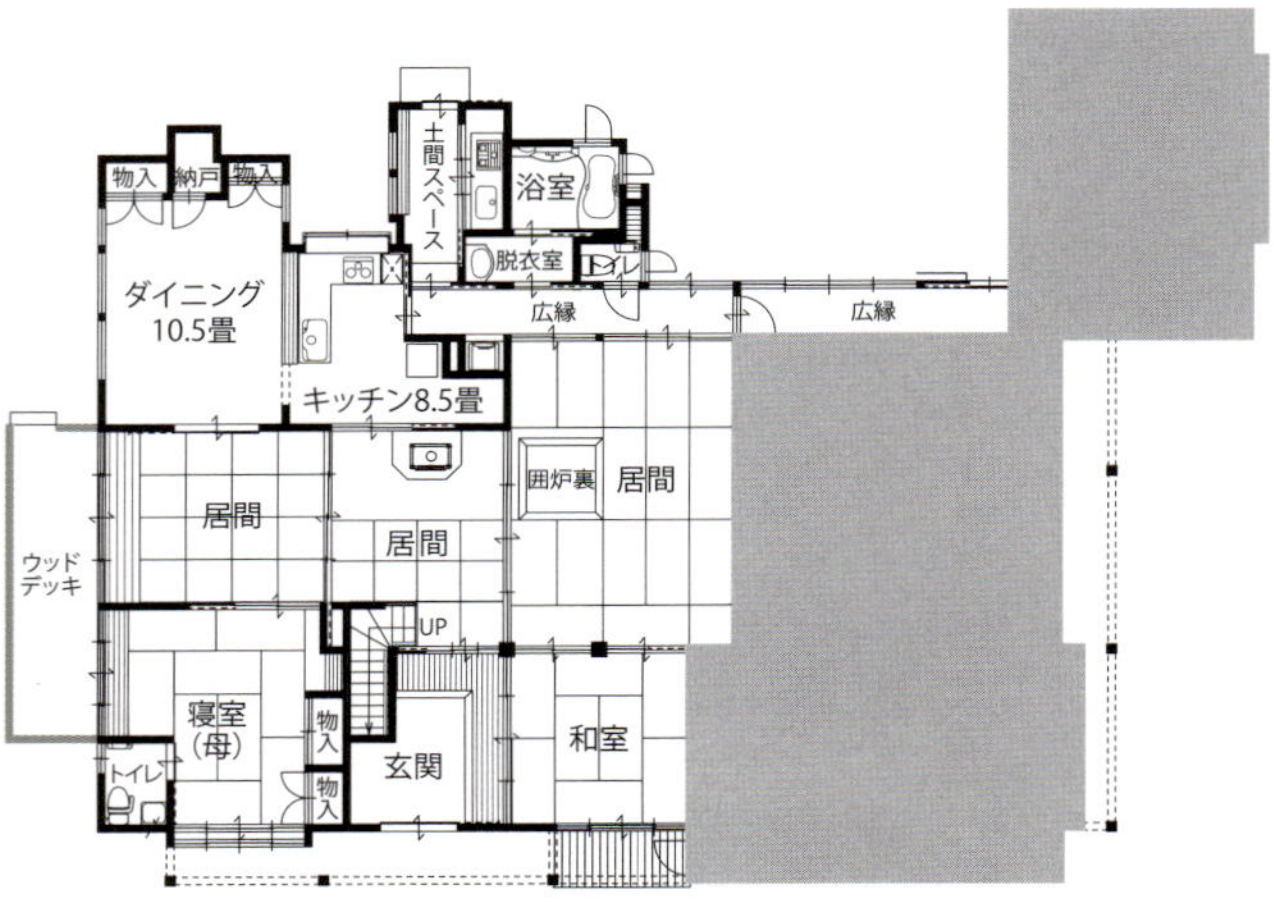

1 階　　改修後平面図 1/300　　＊ ▒：未施工範囲

2 階の階段ホールを広く取って、H さんご夫妻のセカンドリビングにした。天井の勾配が「こもり感」をつくり、落ち着いた場所になった。ご主人はここでテレビや読書、音楽を楽しみ、また奥様は就寝前のひとときをくつろぐ。

眠る前のひとときを過ごすセカンドリビング 低く傾斜する屋根が 落ち着いた空間を生んだ

リフォーム前の様子

上／玄関から和室を見る。その奥に台所があった。　中／構造体はしっかりしていたが、内装は汚れも目立っていた。　下／三間続く和室。奥の二間は既存のまま残した。

つなぐ

旧家リフォーム実例

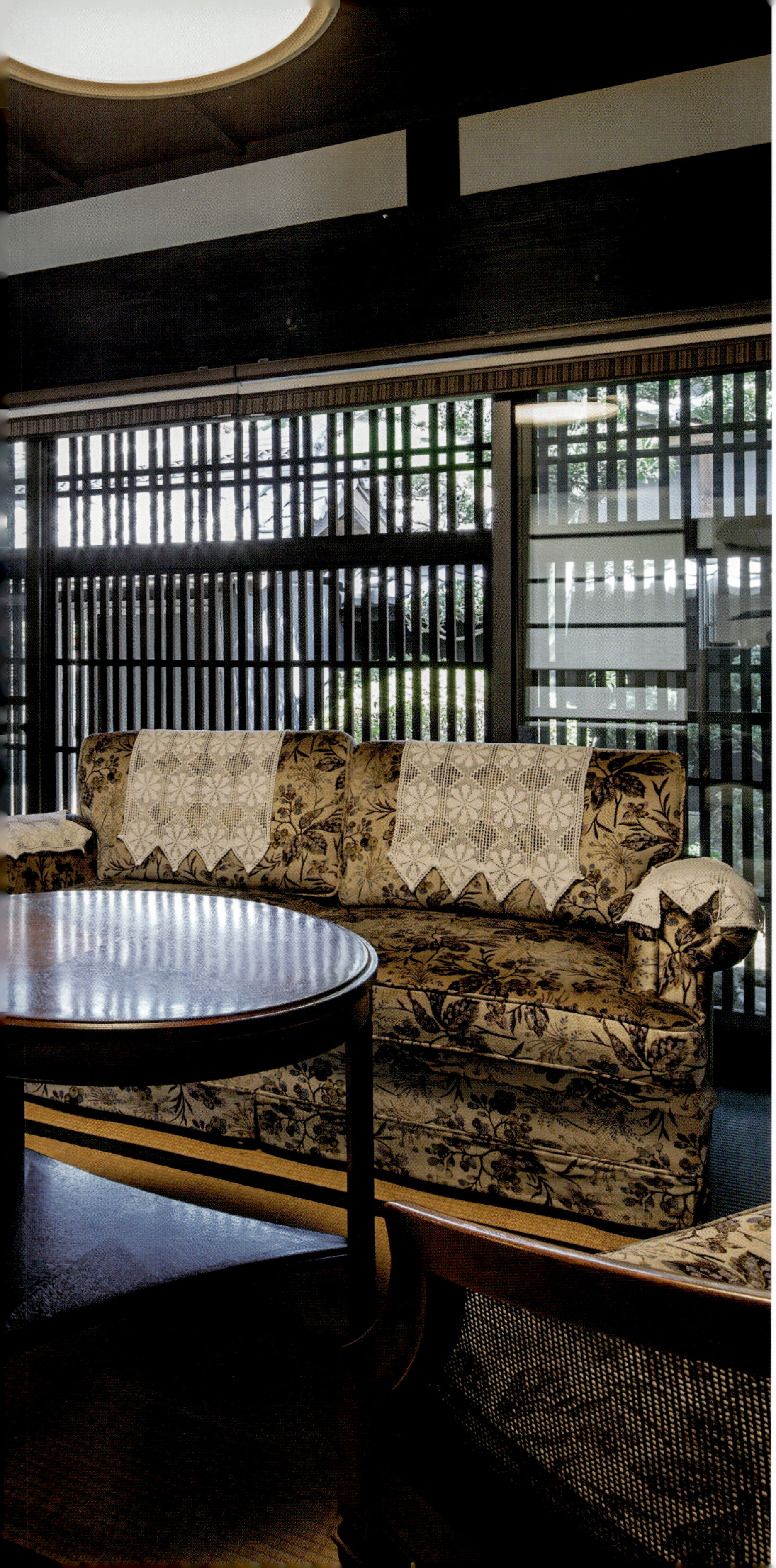

つなぐ
実例 4

古建築研究家
中山章さんと
拝見

減築して次代に受け継ぎやすく いぶし瓦が町並みに品格を添える

大阪府柏原市 N邸

Data

築後年数	約 120 年
改修面積	183.76㎡
施工期間	192 日

応接セットを置いた「口の間（くちのま）」は、フローリングにせずにあえて畳のままで。「昔、応接間が流行して、まわりのお家はみんな和室を洋間にしましたけど、うちはさわりませんでした」とＮさん。窓の外の出格子は既存のものだが、中山章さんによると「これは町家の意匠です。農家には珍しいですね」とのこと。

上／門を入り、玄関前から前庭を望む。町家を思わせる出格子は、古色を付けて補修した以外は旧邸のまま。　下右／新しくなった門。重い木の大戸の開け閉めに苦労していたので、軽量のアルミ製で旧家にふさわしいデザインを特注した。　下左／通り土間を広々した玄関に。古材に合わせた玄関収納やチークの床材が調和して、旧家らしさを漂わせている。玄関の床高は、左側に続く「口の間」と奥のキッチンとの段差をなくしてバリアフリーに。

「出格子、虫籠窓《むしこまど》、厨子《つし》2階。
これは町家建築の特徴です。
農家には珍しいですね」

上右／勝手口側に立つ米蔵と文庫蔵。今回のリフォーム工事では蔵と蔵のわずかな隙間から建材などすべての搬出搬入が手作業で行われた。　上左／当初N邸の創建時期は不明だったが、解体で取り外された鬼瓦に「明治二十四年二月十日上旬」と刻まれていて、少なくても築後120年が経過していることがわかったという。　下／蔵側から勝手口を見る。虫籠窓のある厨子2階もやはり町家のつくり。「農家でこうした形は珍しいです。ただ、江戸時代初期に建てられた泉佐野市の奥家住宅（重要文化財）が似ているので、N邸ももしかすると江戸時代に別の場所に建てられたものを移築したのかもしれません」と中山さん。

古建築研究家の中山章さんと訪ねる2軒目は、日本最古のブドウ産地の一つ大阪府柏原市にある築約１２０年のN邸だ。N家も、かつてはブドウ農家を営んでいたという。

迎えてくれたのは、この母屋に暮らすNさんと、母屋に続く離れに住むお嫁さんとその息子さん。梁を現しにした広い玄関ホールから障子を開けて案内されたのは、畳敷きに応接セットが置かれた「口《くち》の間《ま》」だ。土間に面した和室を口の間と呼び、N邸では昔からここで客人を迎えてきたそうだ。その奥に仏間、仏間の右手には床の間と床脇、付書院を備えた数寄屋造りの座敷が広がる。外は陽射しが照りつけているのに直射日光の入らない口の間と仏間は薄明るく、しっとりした懐かしい空気に満ちている。

平屋のようだが外から見ると低い2階がある。天井を抜いて吹抜

「付書院と縁側の欄間障子は、
組子の意匠が呼応していますね」

上／縁側との境の柱を改修するためにやむを得ず天井板も新しくした座敷。赤松皮付きの床柱は以前のままだ。仏間との間の柱は曲がったまま使われており、「明治に入るとこういう材は使わなくなるんですよ。やはり江戸期のものかも」と中山さん。　左上／座敷から前庭を望む。欄間障子と付書院の欄間の組子は「井筒切子（いづつきりこ）」という関西らしい意匠。　左下／座敷前の広縁の天井は、細い磨き丸太の化粧垂木に細い部材を直交させ、それぞれリズム感のある「吹寄せ」という並べ方にしている。数寄屋らしい遊び心のある意匠だ。

「仏間のガラス障子の大きな結霜《けっそう》ガラスは貴重です。欄間は、陰日向《かげひなた》の桐が洒落ていますね」

上右／仏間の建具に、「結霜ガラス」が残っていた。霜が降りたような模様が１枚１枚異なる、今では手に入らない職人の手仕事。 上左／大きな漆塗りの仏壇が収まる仏間は、木部の塗装以外すべて以前のままだ。 下右／座敷との間の欄間は、シンプルな桐の透かし彫り。 下左／「天然の絞り丸太柱正面に竹の子状の面を付けていますね。古色付けもそのまま残され、当時の工匠たちの技の冴えが見て取れる」と中山さん。

けにすればモダンで開放的な空間になるだろうが、N邸はあえてそうしなかった。「お義母さんが今までどおりの生活ができるように、できるだけ変えないこと」というのが第一の要望だったからだ。

リフォームのきっかけは、戦前に増築した2階の部屋が崩れかけてきたことだった。生活に影響はなかったが、以前から雨漏りもひどく、いつまで住んでいられるのかわからない。近所の工務店は古いから壊して新しく建てた方がいいと言うが、80代も半ばのNさんに新築の家で慣れない暮らしを強いることはあまりに負担が大きい。悩み迷っているときに、親戚から住友林業ホームテックを紹介され、思い切って決断した。

「おかげさまで理想の家になりました」と嫁姑が口を揃える新しいN邸は、案内された三つの和室は傷んでいた部分の修復のみ。土間と使っていなかった二つの和室を、ダイニングキッチン、お風呂場、クローゼット、玄関に。通り土間をはさんだ納戸、台所、お風呂場、トイレや納屋などは解体して、裏庭も見違えるほどすっきりした。「新しい家に引っ越して体調を崩した知人がいます。うちは全然変わっていないから大丈夫。便利になって、毎日楽しいです」と笑うNさんは溌剌《はつらつ》としている。

さて、家の内外を見学した中山さん、「このお宅のつくりはとても珍しい」と話し始めた。徒歩5分の駅周辺までずっとN家のブドウ畑だったほどの農家だが、この母屋には町家建築の要素が色濃いという。格子状に開いた虫籠窓や、天井の低い厨子2階、口の間の窓についている出格子などがそれだ。さらに、古い間取り図を見ながら、口の間、和室、仏間、座敷の4室がずれた「食い違い」の配置になっているのは、泉南から紀北地域の江戸時代に建てられた民家に見られる特徴で、「N邸も江戸時代に別の場所に建てられた民家を明治半ばに移築したのかもしれませんね」とのこと。あちらこちらの柱に曲がった木材が使われているのも、時代の古さを物語っているという。

「そういえば、昔そんな話を聞いたような気もします。大事な部分をちゃんと残せて、やっぱり良かった」とNさんとお嫁さん。持て余していた部分を整理しつつ、本来のエッセンスがくっきりとよみがえったN邸は、次の世代へとさらに時代を重ねていく。

右／口の間から勝手口を見通す。元は和室で暗かったが、明るく広々したキッチンに。オール電化で、火の心配もなくなった。　左／通り土間の一部を使いやすいユニットバスと洗面所に。白い天井と壁に、古い梁の濃い茶色がアクセントに。

Point ここが不便だった

◉昔に増築した2階の部屋が崩れ、危険な状態になった。
◉門扉、玄関の大戸が重く、開閉がとても大変だった。
◉通り土間をはさんで台所とお風呂場、
トイレがあり、靴を脱ぎ履きして、段差を上り下りするのがつらかった。
◉家中、隙間風がひどくて寒かった。
◉使わない和室が多く、開口部が少ないため暗かった。
◉あちこち雨漏りして、雨が降るとバケツとブルーシートを置いて回っていた。
◉朽ちかけた納屋や味噌小屋など、使っていない建物がいくつもあった。

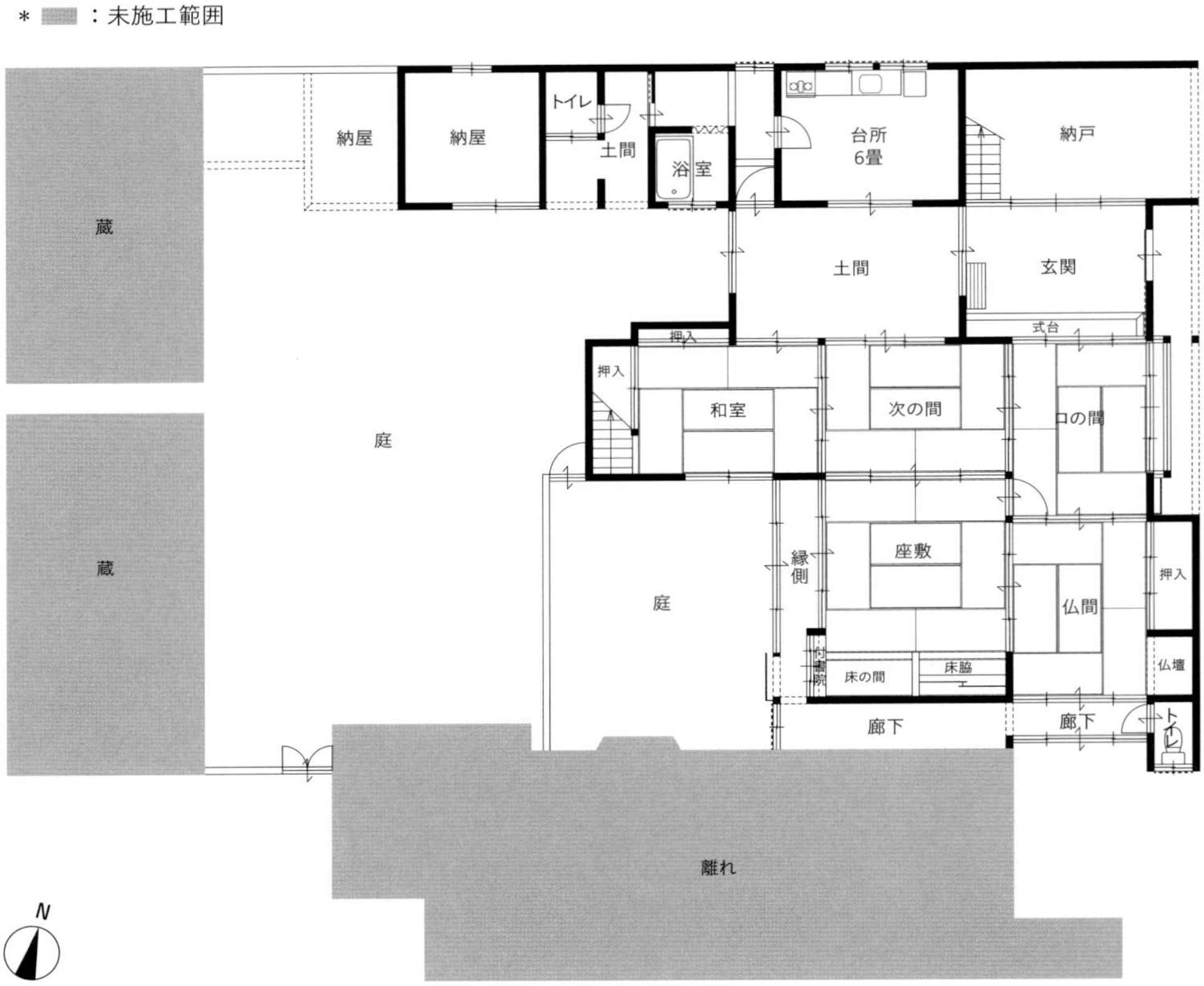

改修前平面図 1/200

リフォーム前の様子

右／隙間風がひどかった玄関。口の間に上がるのに、踏み台、式台と段差が多かった。 中／寒くて暗かった台所。 左／敷地の北側には納屋など使っていない建物が並んでいた。

Point 改善されて快適になった

不要な建物を減築。裏から門までの通り道を確保

納屋など敷地ギリギリまで立っていた使わない部分を解体したため、蔵から門までの通り道ができて、気持ちまですっきりした。

バリアフリーとオール電化で入浴と炊事が安心、安全に

段差の大きい土間をはさんでいた水まわりをバリアフリーに。IHとエコキュートで火の心配もなくなった。また、寒かった浴室をメンテナンスの楽なシステムバスにしたことで、生活がとても快適になった。

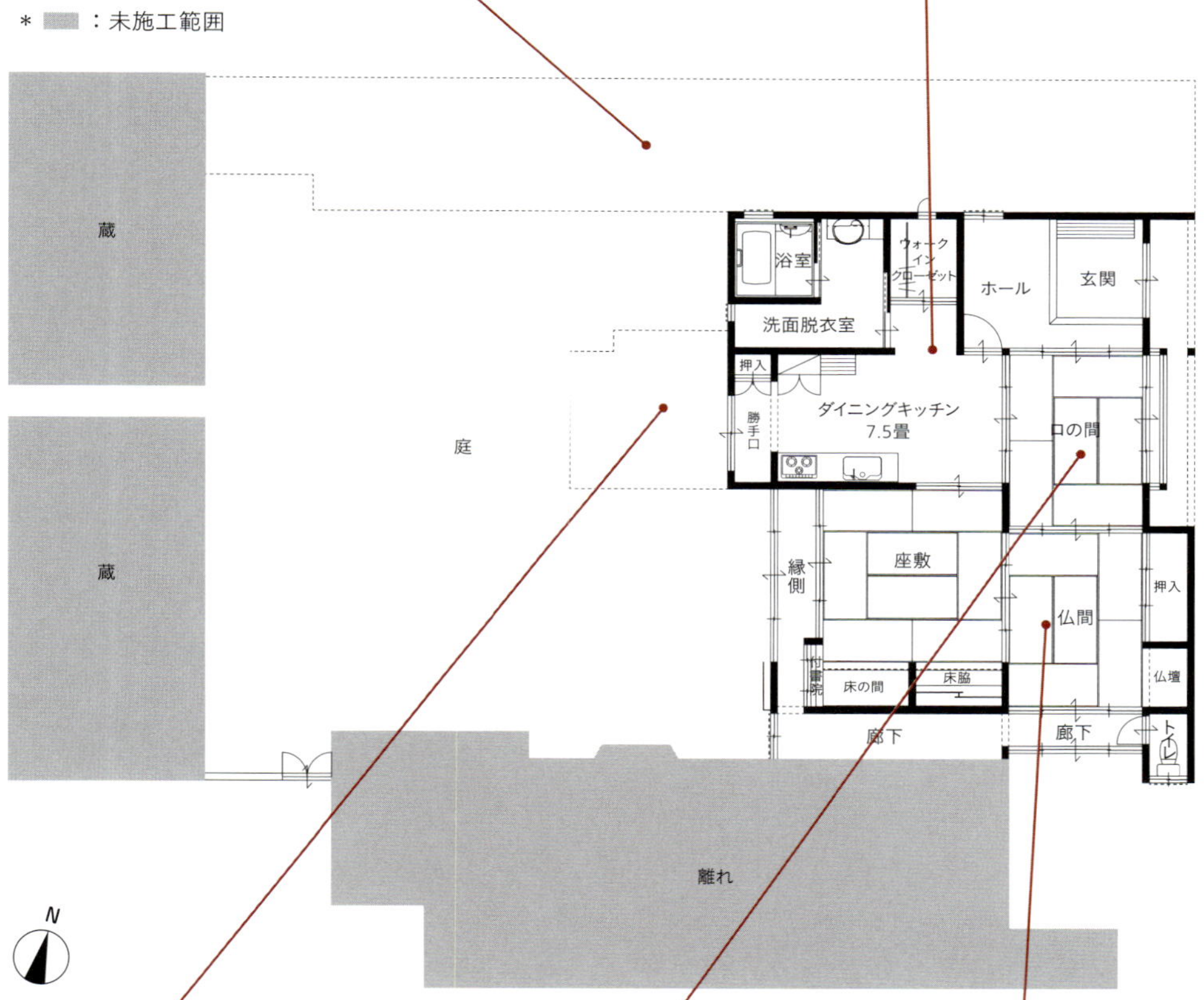

改修後平面図 1/200

勝手口を設けたことで明るく風通しの良い家に

使っていなかった和室を減築して、勝手口を新設。勝手口の戸は格子付きのすりガラスにして、採光を確保している。風がよく通るようになり、夏でも涼しく過ごせるようになった。

畳の下地をやり替え、アルミサッシで隙間風を遮断

畳の下地をやり替えて断熱し、木製サッシをアルミサッシに交換した。隙間風がなくなり、冬も過ごしやすくなった。

Nさんがこれまでどおりに暮らせるように

生活環境の変化による負担ができるだけ少なくてすむように、高齢のNさんの馴染んできた三つの和室をそのままの形で残すことができた。

つなぐ 実例 5

息子にも気持ちよく託したい これから始まる歴史を見据えて

兵庫県 A邸

玄関の左手に二間続きの和室がある。奥の和室は床の間や書院が設けられた客間。書院の欄間や障子、床の間の下地窓の細工が美しい。

Data

築後年数	約200年
改修面積	230.00㎡
施工期間	400日

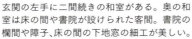

上／玄関の位置も以前どおり。迫力ある梁や柱、天井や腰壁に張られた木も既存の物をそのまま使用。200年の歴史を感じさせる。　下／縁側のガラス戸は新たに製作したが、ガラスは既存の建具にはまっていたものを再利用。貴重なガラスを破損しないよう丁寧な作業が続いた。

8代目当主となるAさんが先代から受け継ぐことになった住まいは、築後１５０年から２００年が経過していると思われた。しかし、壊すつもりはなかった。

「確かに古い家ですが、阪神淡路大震災にもしっかり耐えました。建て替えは一切念頭にありませんでした」とAさん。古いから壊すのではなく、古いものだからこそ、その価値を大切に受け継いでいきたいとAさんは考えていた。「これから千年は使うつもりです。私たち家族がしばらく快適に住むためだけではなく、次の世代に、さらにその次の世代に引き継ぐために、ここで一度しっかり手を入れておこうと思いました」と話す。

右／大屋根を葺き下ろし、さらに下屋を伸ばした堂々とした佇まい。屋根は新たに葺き直した。　左／玄関ホールは左手に三つの和室、正面にダイニングキッチンが続く。ダイニングとの間に設けられた腰高の窓には、旧家で使用していた細工の美しい組子障子を採用。

上／従来のキッチンと洋室と居間を一続きにして広々としたLDKとした。大きなトップライトを設け、壁と天井を白でまとめて明るい空間にした。　下／四間の和室の奥の庭に面していた一つを洋間の寝室に変えベッドを置いた。クローゼットも新たに2カ所に設けた。

あらゆるシーンで庭の景色が目に入る 木々の緑が室内に潤いをもたらす

リフォームの基本方針も、庭と一体になった建物の配置や全体の雰囲気はできるだけそのまま残しながら、地震に強く、明るく暖かな家にするということに絞った。住友林業ホームテックに依頼したのは、大手メーカーであることの信頼性と多くの旧家リフォームを手がけているという実績から、しっかりした工事が期待できると考えたためだ。

住友林業ホームテックは、まず構造体をしっかりチェックし、腐朽した部材を取り替え、さらに補強金物や同社の旧家専用に開発されたオリジナルの制震ダンパーなど、2種類のダンパーを駆使して耐震性を大幅に高めた。床、壁、天井には新たに断熱材を厚く丁寧に充填し、内装も一新。冬の快適さに配慮して床暖房も敷設した。また従来はそれぞれ独立していた居間、ダイニングキッチンを一続きの空間とし、トップライトで自然光を導きながら、広々としたLDKを作りあげた。

「縁側のガラス戸には、おそらく大正時代か昭和初期に製造されたと思われるガラスがはめ込まれていました。今ではもう出せない味わいのあるものなので、ぜひ使いたいと思い、新しい建具枠にはめ込んでもらいました」とAさん。「この作業は非常に難しかったと思いますが、建具屋さんが頑張ってくれました。もちろん家全体の工事にあたった大工さんも引けをとりません。制震ダンパーも、旧家を引き継ぐためのすぐれた技術です。友人知人にも大いに宣伝したいですね」。

二度の世紀をまたいで伝統を積み重ねてきた旧家が、新しい歴史を刻み始めている。

邸内には大きな中庭があり、そのまわりを縁側が囲む。部屋を移動するときにも庭の緑が楽しめる。中庭の奥にある渡り廊下は、耐候性の高いヒバ材で新たに作り直した。

リフォーム前の様子

右／キッチンは狭く劣化も激しかった。　中／傷んだ畳を敷物でカバーしていた。　左／玄関は片引き戸で、大勢の来客時などは出入りに不便があった。

Before

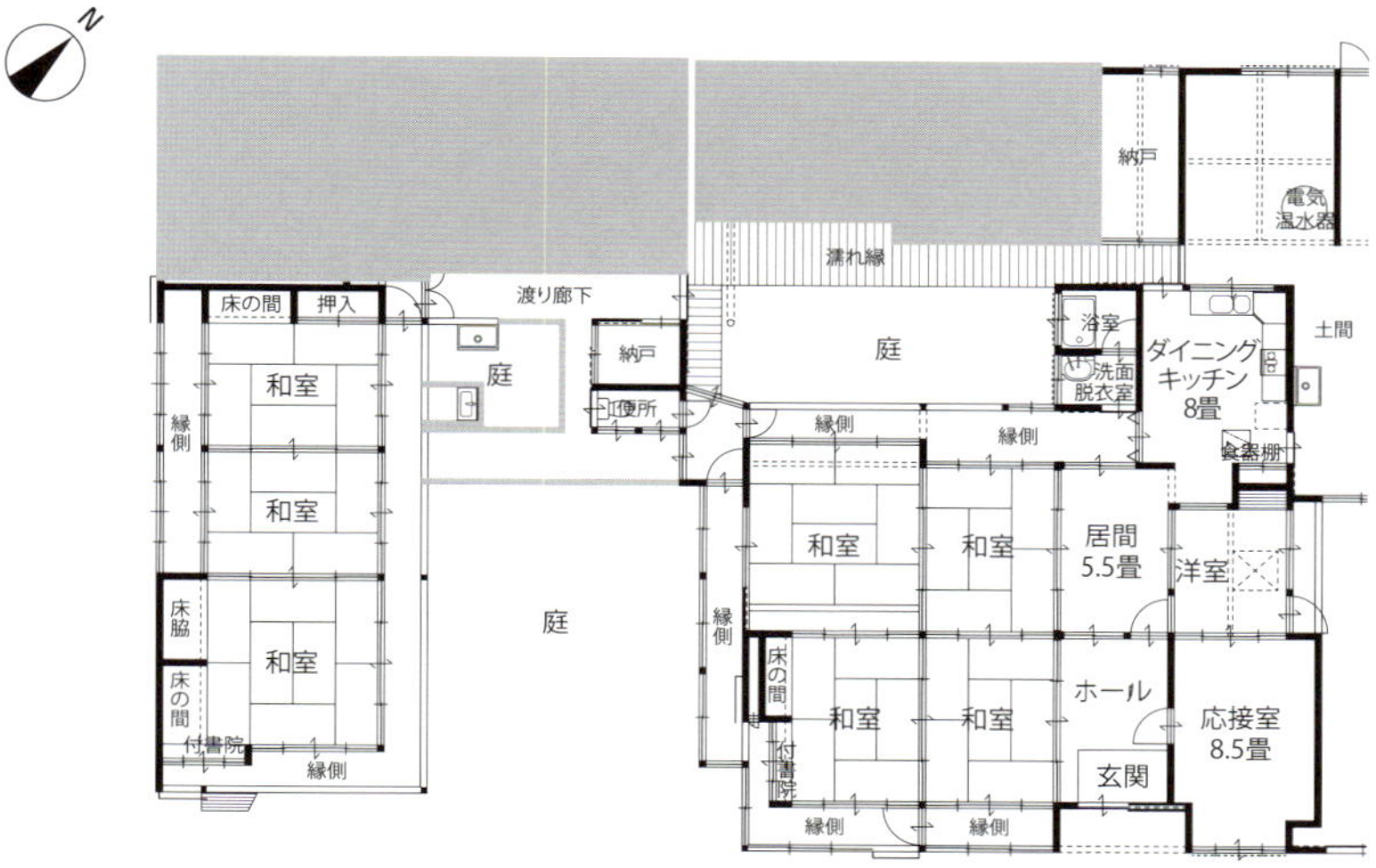

改修前平面図 1/300

After

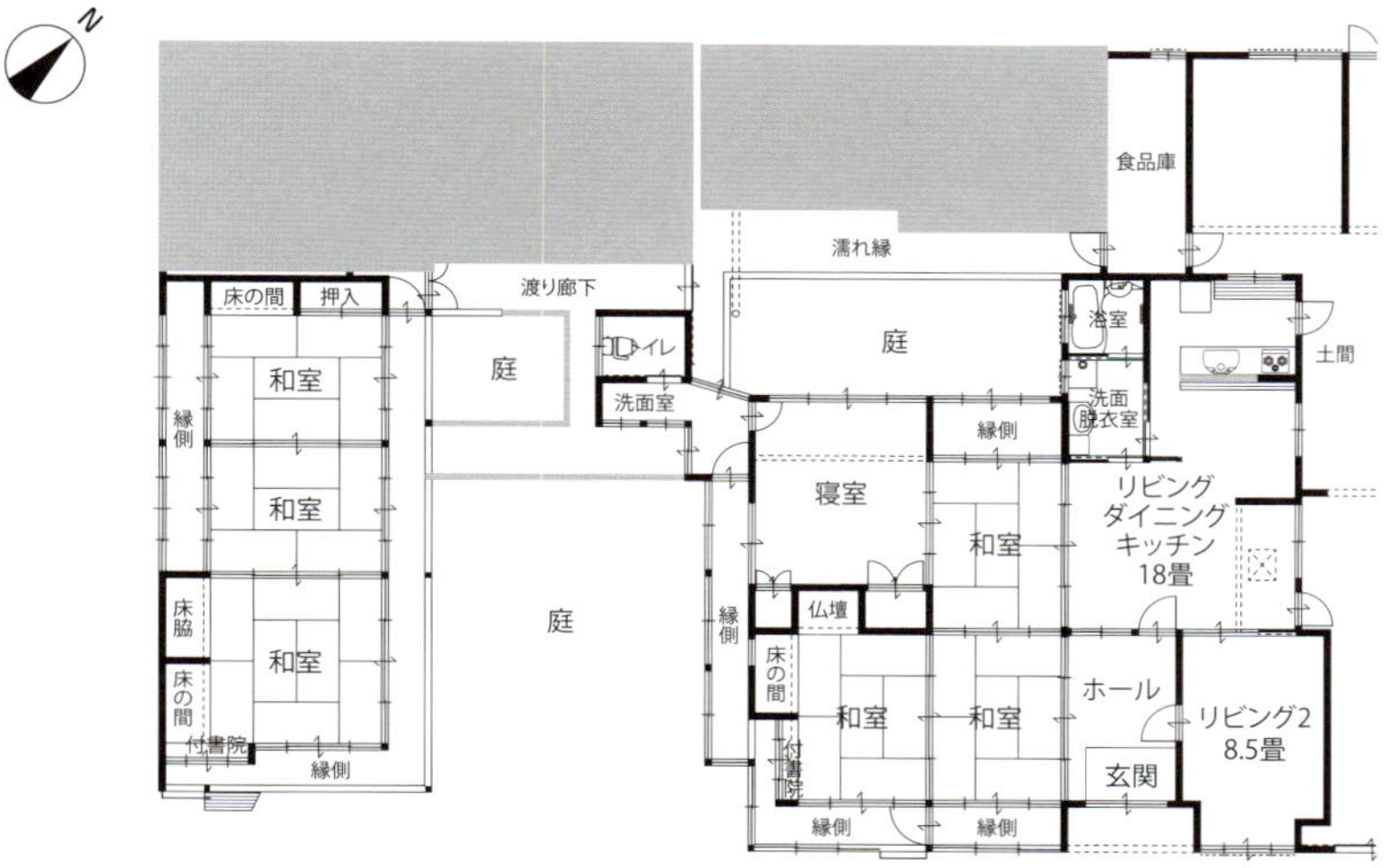

改修後平面図 1/300

＊ ▒ ：未施工範囲

つなぐ 実例 6

古き良き佇まいを受け継ぎながら梅の花を楽しむ新しい暮らしに

奈良県 U邸

上／いぶし瓦を葺いた屋根が美しい外観。室内だけでなく、渡り廊下からも梅の木が楽しめる。梅の木の奥に、新しいリビング兼応接間がある。　右／従来、渡り廊下の床はタイル敷きだったが、滑りやすく、また冷たいことから檜（ひのき）に変えた。

和室の客間をご夫妻のリビング兼応接間に変更した。床はチークの無垢フロア。床の間など、和のしつらえをあえて残し、落ち着いた空間に仕上げた。

Data

築後年数	約200年
改修面積	87.64㎡
施工期間	166日

ご主人の定年退職を機に故郷の実家に戻ることにしたUさんご夫妻。その家は築後200年を経過した風格の漂う旧家だ。庭も大切に守られ、中でも梅の古木は、毎年真っ先に紅い可憐な花をつけて、春の訪れを告げる。建物も、広々とした庭も、風致地区に指定された一帯のシンボル的な存在であり、この佇まいはそのまま残したいとご主人は思っていた。

「庭や外観にはできるだけ手を加えず、住みやすい家にしようと思いました。まず必要なのは、私たちの寝室と専用のリビング、そして、私は研究書などの大判の書物をたくさん持っているので、それらをしっかりと収納する書庫と書斎です。そして今後、段階的に手を入れていきたいと考えていました」とご主人。

この住まいは非常に大きく、部屋数が多い。ほとんど使っていない洋と和の二つの応接間もあった。そこで、洋室の方をご夫妻の寝室に、和室をご夫妻のリビング兼応接間にすることにした。和室は、畳を取り払ってチーク無垢材の床に替えてソファを置いた。元々あった床の間や床脇などの本格的な和のしつらえは、あえてそのまま引き継ぎ、和洋折衷の独特の落ち着きのある空間を作りあげた。

また、従来は広縁に出なければ庭の梅が眺められなかったが、広縁を室内に取り込んで一体化し、部屋から眺められるようにした。

さらに新しい書庫と書斎は、納屋だった建物を補強し、新たに天井までの書棚を設けて、すべての書物をすっきりと収納した。

「古い家の佇まいや、そこに使われていた良材を残しながら、快適な暮らしができるようにと考えていました。住友林業ホームテックのスタッフにもいろいろアイデアを出してもらったり……。また、初めて扱うという材料にも挑戦してもらいました。全体に納得のいく仕上がりで、次のリフォーム計画も安心して任せられます」とご主人。毎年の梅の花が楽しみな、新しい暮らしが始まっている。

豊かな時間を過ごすために たっぷりの蔵書を収める棚を設けて

Before

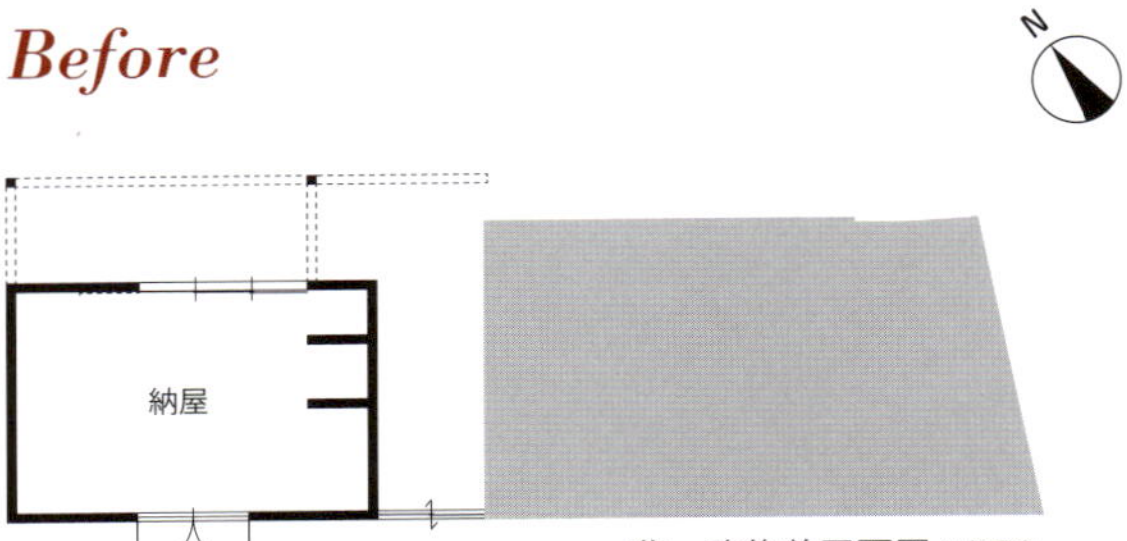

蔵　改修前平面図 1/250

After

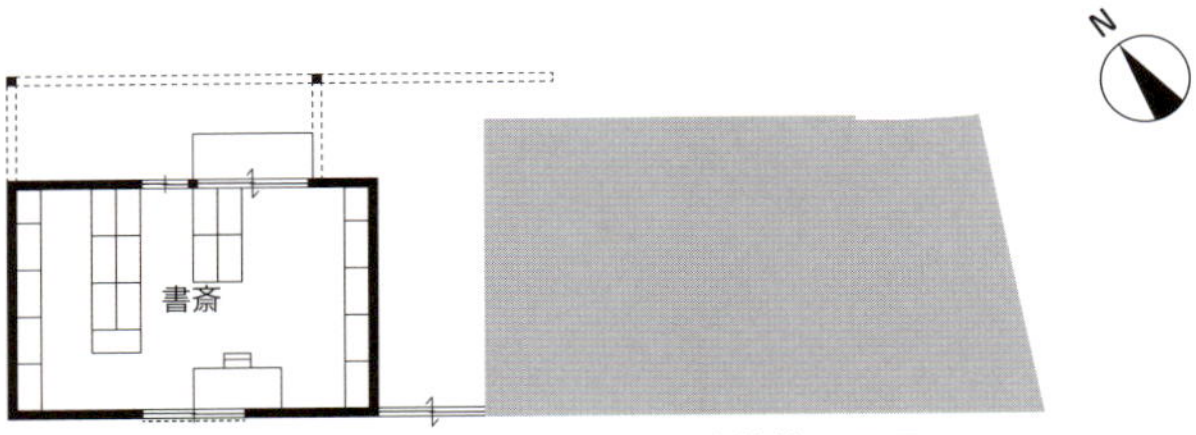

蔵　改修後平面図 1/250

Before

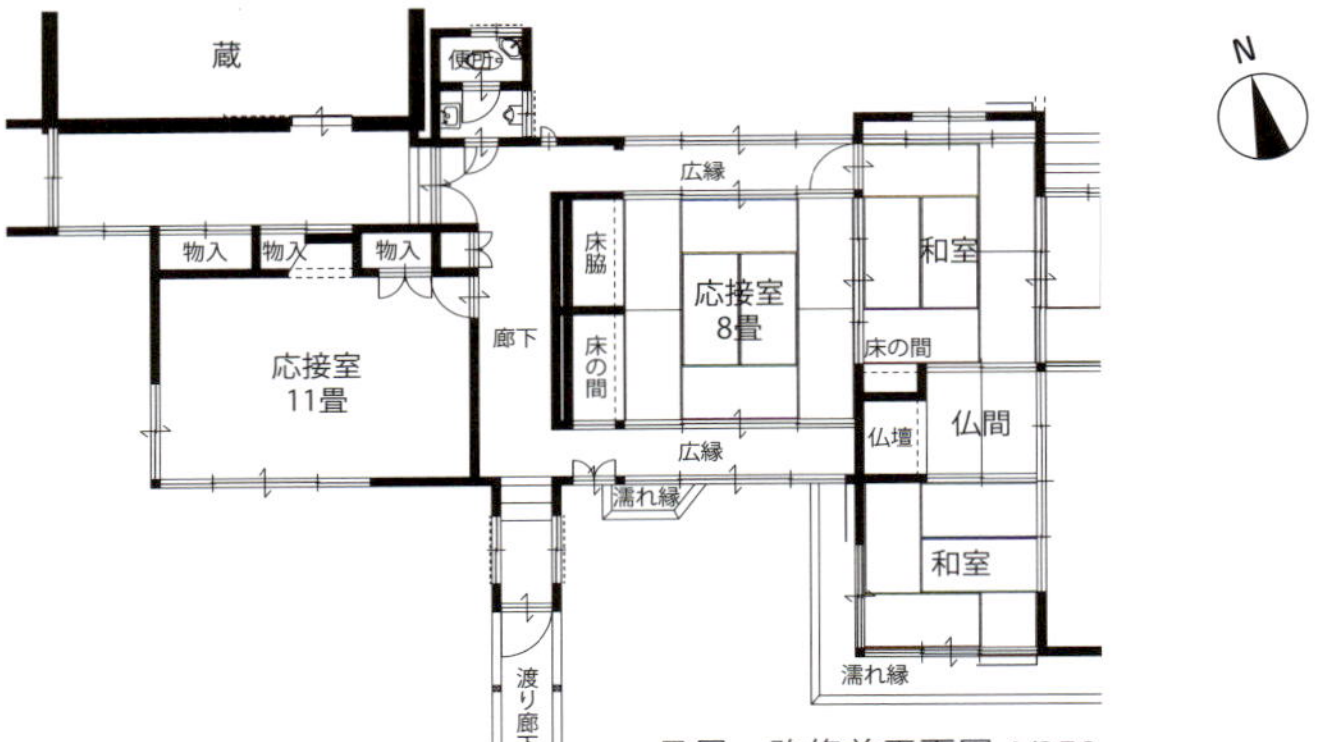

母屋　改修前平面図 1/250

After

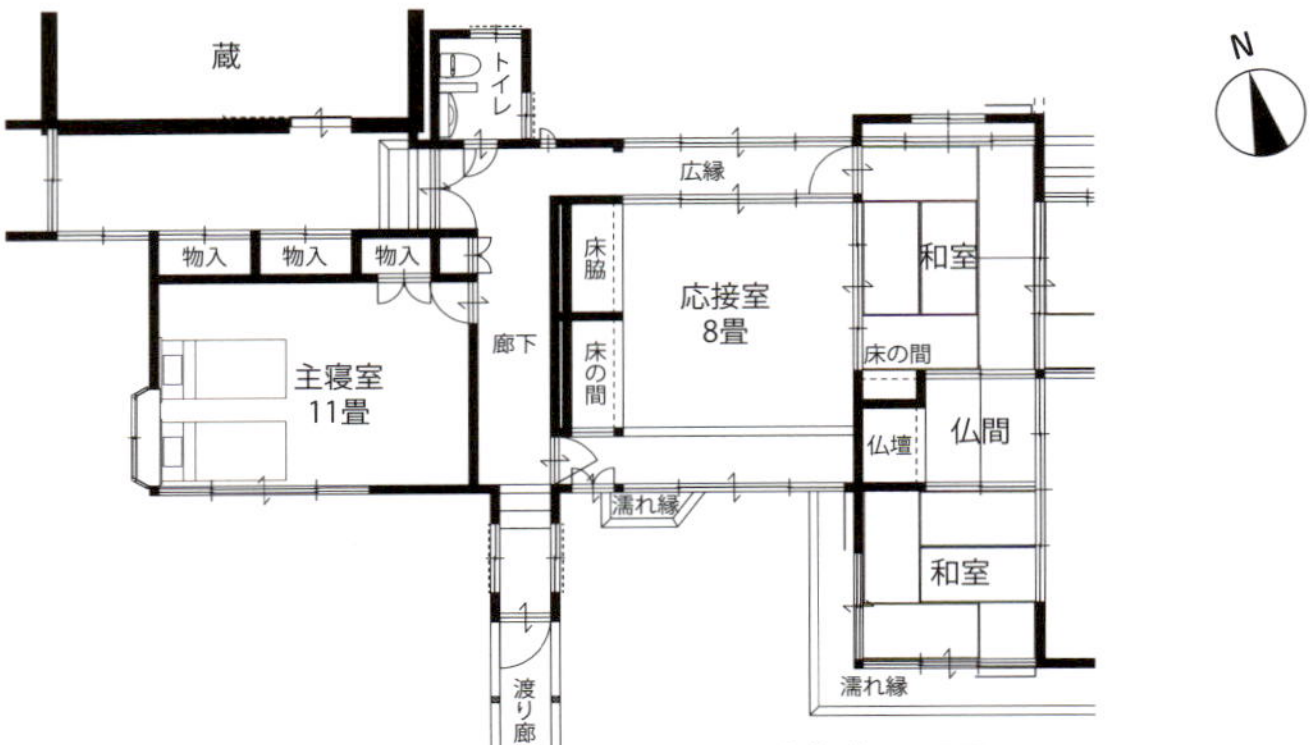

母屋　改修後平面図 1/250

＊ ▒ ：未施工範囲

上／納屋を改造して新たに設けた書庫と書斎。蔵書の量や寸法に合わせて書棚を造り付けた。大型の専門書も多く、厚みのある棚板を使った。下／柱や桁、梁にはほとんど傷みもなく、そのまま利用している。

リフォーム前の様子

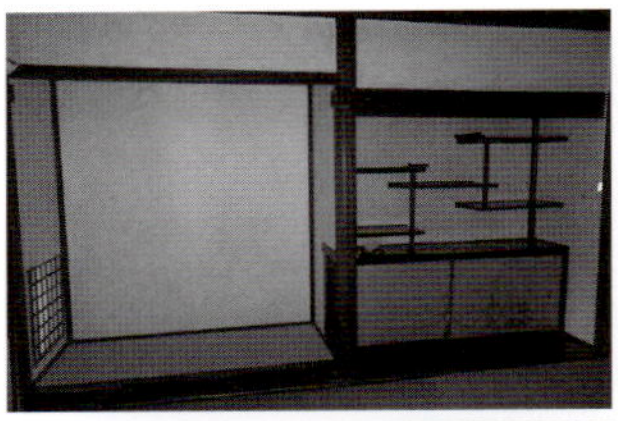

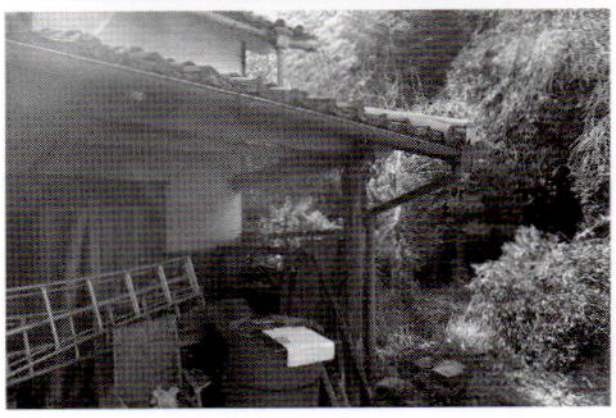

上／既存の和室の床の間や床脇。ほぼそのままの形で引き継いだ。　下／納屋として使われた北側の建物。新たに書斎・書庫として活かした。

つなぐ 実例 7

暖かいリビングでの会話が弾む快適な二世代同居の家

愛知県名古屋市 A邸

建築は昭和元年あたりと思われ、築後約90年が経過している。赤松をはじめ植栽も豊かで風格のある佇まい。

Data

築後年数	約90年
改修面積	209.63㎡
施工期間	177日

親世代、子世代のそれぞれが無理なく暮らせる、ほどよい距離感

結婚後は賃貸マンションで暮らしていたAさんご夫妻。いずれは実家をリフォームして、ご両親と一緒に住むことを考えていた。時期は決めていなかったが、遅くなればそれだけご両親の身体への負担が増える可能性があるため、早目に着手することにした。

実家は築約90年になる旧家だ。柱や梁には太い木が使われ、建具や欄間なども丁寧な仕事で、美しく仕上がっている。旧家ならでは

上／以前の二間の和室をつないだ広々としたLDK。段差解消のため既存の和室の高さに合わせて床を上げた。床は旧家の落ち着いた雰囲気に合わせたウォルナットに。　中／キッチンは対面式のセミオープンタイプに替え、大型の壁面収納を作った。　下／子世帯のプライベート空間には大画面のホームシアターを設けた。

二間続きだった和室の一方を洋室にしてベッドを置き、親世帯の寝室にした。建具や欄間は従来のものを使用している。

の魅力を引き継ぎながら、間取りを変え、設備も最新のものに替えて、寝室以外の空間をすべて共有する同居型の二世帯住宅にすることにした。「同居型といっても生活時間帯は異なります。それぞれのプライベートな時間も楽しめるようにしたいと思っていました」とご夫妻。その要望を受けて住友林業ホームテックが提案したのが、1階中央に広々としたLDKを確保し、その左右にそれぞれのプライベート空間を振り分けるプランだ。間にLDKと浴室などの水まわり空間をはさむので、同じ1階でもしっかり距離を取ることができる。実際、子世帯のプライベート空間にはホームシアターも設けているが、音量に気兼ねすることはないという。

　他方、親世帯のプライベート空間は、二間続きの和室の一つを洋室に変え、ベッドで眠ることができるようにした。またすぐ近くのトイレは介助者が一緒に入れるよう空間を広げた。さらに、これまで増改築を繰り返したことから、3種類もの床の高さが生じていたが、一番高い和室に合わせて高さを揃え、安全への配慮を徹底した。

　「暮らしやすく、それぞれの時間も楽しめます。これほど住み心地が良くなるとは、と驚いています」とAさんご夫妻。新しいLDKで、ご家族の団らんがいつまでも続く。

玄関は親世帯、子世帯の両方につながる。左に進むとLDK、右の廊下は親世帯のスペースに続く。上がり框を斜めに切り、動線をスムーズにした。

リフォーム前の様子

上／和室が田の字型に配置され、一部を板の間に変更して使っていた。　下／部屋は細かく仕切られ、使いにくかった。

2階の部屋は、木の肌合いをそのまま見せた既存の梁が白い壁に映え、趣を加えている。

Before

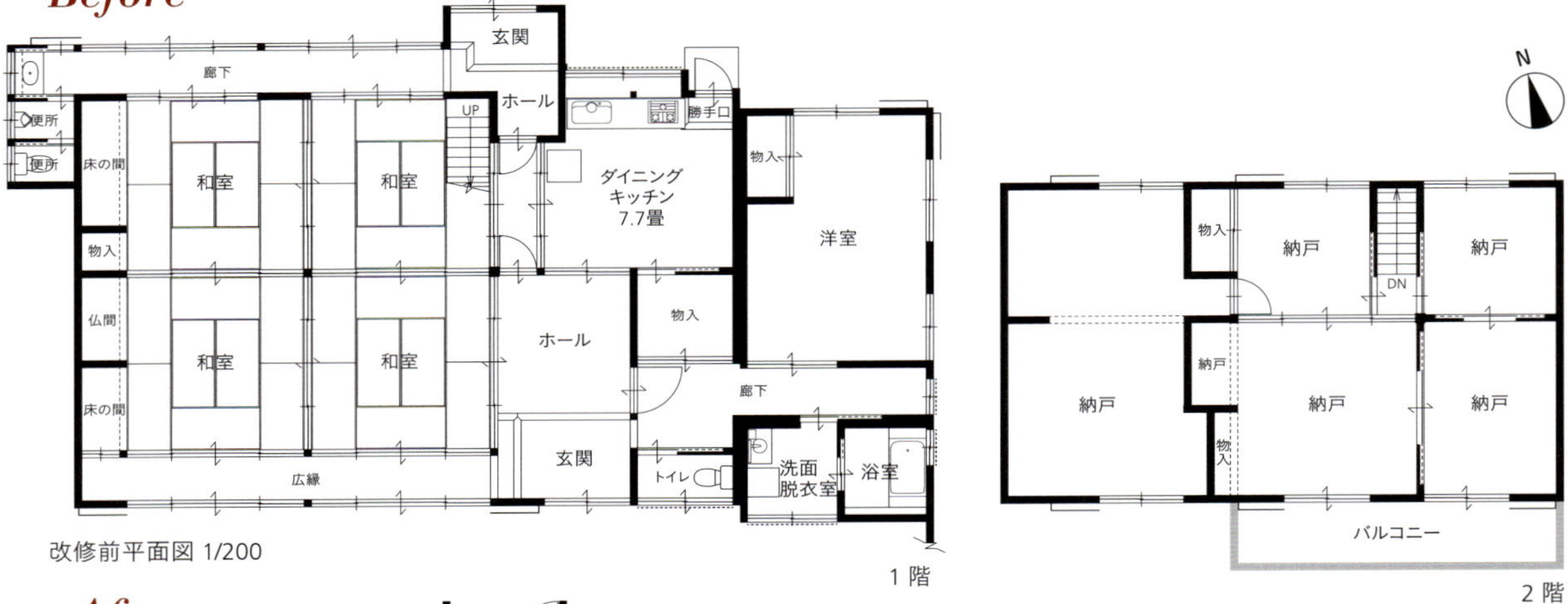

改修前平面図 1/200

After

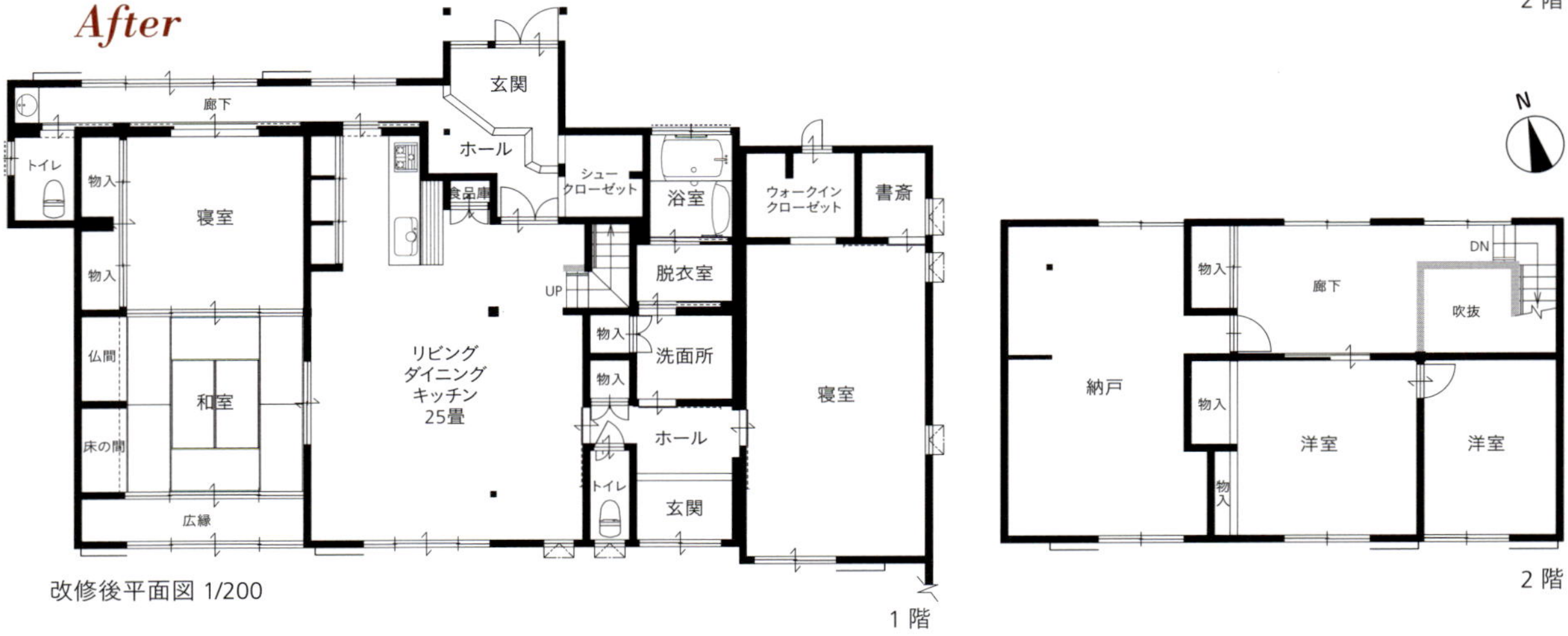

改修後平面図 1/200

茶人・宇田川宗光さんのしつらえに見る

床の間を飾る

主人のもてなしの心を映し出し、
和室のしつらえにおいて主役となる床の間。
ところが、何を飾ればいいかわからない、
どう飾ればいいの？　という声も聞きます。
ここでは、基本を押さえつつ、応用まで、
宇田川宗光さんのお茶室などでしつらえていただきました。

大徳寺真珠庵庭玉軒写しの茶室
「凍玉軒（とうぎょくけん）」。
右側の壁に花明かり窓を設けた床の間。
掛軸／近衛三藐院信尹筆　歳暮の文
花入／竹一重切　宗和好輪違　瓢阿作
花／白玉椿

基本編

床の間ってどんな場所？

「お客様がいらっしゃるから花を生けましょう」、というのは現代でも行うもてなしの一つ。そのときには、招く人のことを思って、そして、その時期ならではの花を選ぶのが常でしょう。また、お正月になると鏡餅を供え、中秋の名月には団子とススキを用意して月を愛でます。日本人は遠い昔から季節ごとのしつらえを楽しんできたのです。そのための場所として床の間は最たるものと言えます。

床の間の起源は諸説あります。仏様の絵を飾って、その前に卓を置き、花やお香をお供えした「祭壇」から始まったとも、身分の高い人の座るところだけ畳を敷いて一段高くした「上段の間」から派生したとも言われています。いずれにしても、崇める気持ちから床を上げ、格式を持たせて床の間としたのです。床の間、付書院《つけしょいん》、違い棚が備わる座敷は、室町時代後期に完成しました。

茶の湯では、その日に招く客に思いを寄せて、室内や庭をしつらえ、掛軸、花、器にいたるまで心を配ります。そのときに大切なのはもてなしのストーリーづくりです。たとえば俳句を趣味とする方を客とする場合、季節の句を詠んだ色紙を床の間に掛けたり、硯《すずり》箱と筆を付書院に飾るなど。客の背景を表す要素や、縁のあるものを用意するのです。このように招待客の人となりを考えて、それらにほんの少し意味づけをするだけで、もてなすストーリーが見えてきます。もし来客がなくても、いつ誰が来ても良いように、季節の掛軸や、自分の好きな言葉や家族の思い出が詰まった絵などを掛けましょう。自分を表現する空間と考えれば、答えは見つけやすいかもしれません。

床の間の飾り方には決まりごとが多いと感じるかもしれません。でも、決まりごとを「守らなければならないこと」ではなく、「どうしたら良いかわからないときのお手本」と考えてください。いきなり独創的なものに挑戦するのではなく、まずは基本形を押さえてから、自分なりにアレンジしてみてはいかがでしょうか。ポイントは床の間を多くの要素で飾りすぎないこと。その方がストレートに伝わりやすくなります。

次ページ以降で、床の間を飾るものとして基本となる、掛軸、花入、香炉・香合《こうごう》を解説します。もし押入に掛軸や花入、香炉などの

付書院と床脇を備えた床の間。床の間には古くは中国の「唐絵」を飾ったことから、中国南唐の画家・徐熙（じょき）の白鷺図写しを掛け、唐銅の花入を合わせました。付書院には四方盆に三足香炉、床脇には志野棚と文台による香道具飾り。床脇に違い棚がある場合には、中国から到来した唐物の器や文房具などを飾ることもあります。

調度品があれば、あらためて確かめてみてはいかがでしょうか？ それらを見直すことで、もてなしのストーリーが展開できるかもしれません。見た目の美しさ、好みで選んでみて、さらに想像力と創造力を発揮し、肩肘を張らずに、自由な発想で床の間を飾ってみてください。

宇田川宗光（うだがわ・そうこう）
１９７４年東京生まれ。茶道・宗和流十八代。２０１５年２月に大徳寺・真珠庵の山田宗正和尚の下で得度し、寒鴉齋（かんあさい）の號を授かる。

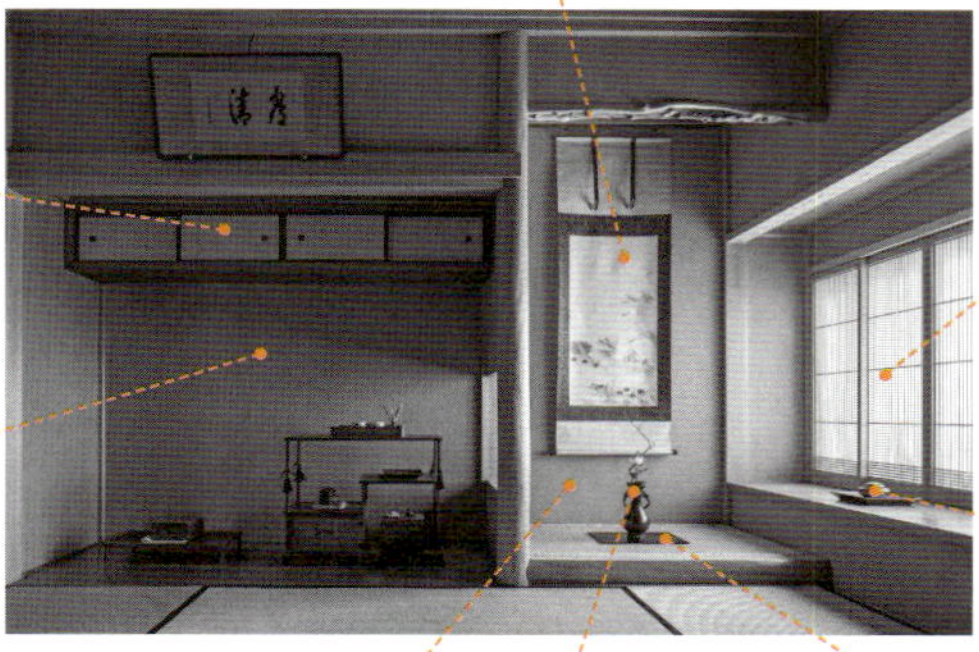

掛軸

床の間の壁面中央に飾る掛軸は、主人の思いを伝えるものとして、床の間の、ひいては座敷の主役となります。場の雰囲気を左右し、たとえば墨による堂々とした書が掛かれば緊張感が生まれ、彩色の絵画であれば華やかな空気を作り出します。

掛軸は、薄い紙や絹に描かれた書や絵画（本紙）を紙で裏打ちして補強し、巻いて保管や持ち運びをしやすいように軸装されています。本紙のほか、その周辺の裂地《きれじ》や紙、それらの柄も本紙を引き立てるものとして、鑑賞ポイントになります。

種類

掛軸にはたくさんの種類があり、内容やスタイルによって名称がついています。墨書された文字だけの書を「墨蹟《ぼくせき》」といい、水墨や彩色による「絵画」、絵画に詩や文章が添えられた「画賛《がさん》」、和歌や詩、手紙を掛軸に仕立てたものなどがあります。「色紙」や「短冊」、「扇面《せんめん》」など掛軸の体裁を取っていないものもあり、専用の道具などで床の間に飾ります。

扱いのポイント

掛軸は、上部のひも（掛緒《かけお》）を掛釘に掛けて、本紙を触らないように、軸先の両側を持って下ろします。高さは、客が畳に座ったときの目線を基準に、高すぎたり、低すぎたりしないようにします。高さの調節には掛釘の位置が上下に移動できる道具（自在掛）を用います。

掛軸の両下端に房の付いた重り（風鎮《ふうちん》）を下げることがありますが、本来は屋外などで掛軸を掛けるときに風で揺れるのを回避するためのもの。掛軸や壁を保護するためにも、窓を閉めた座敷では外しておきましょう。

大切なのは掛け放しにしないこと。長時間掛けておくと、紫外線にさらされて傷んだり、掛緒が伸びる可能性もあります。日常的には普段使いの掛軸を掛けておき、来客や季節に応じて掛け替えましょう。

墨蹟（一行物）
山田宗正筆　掬水月在手

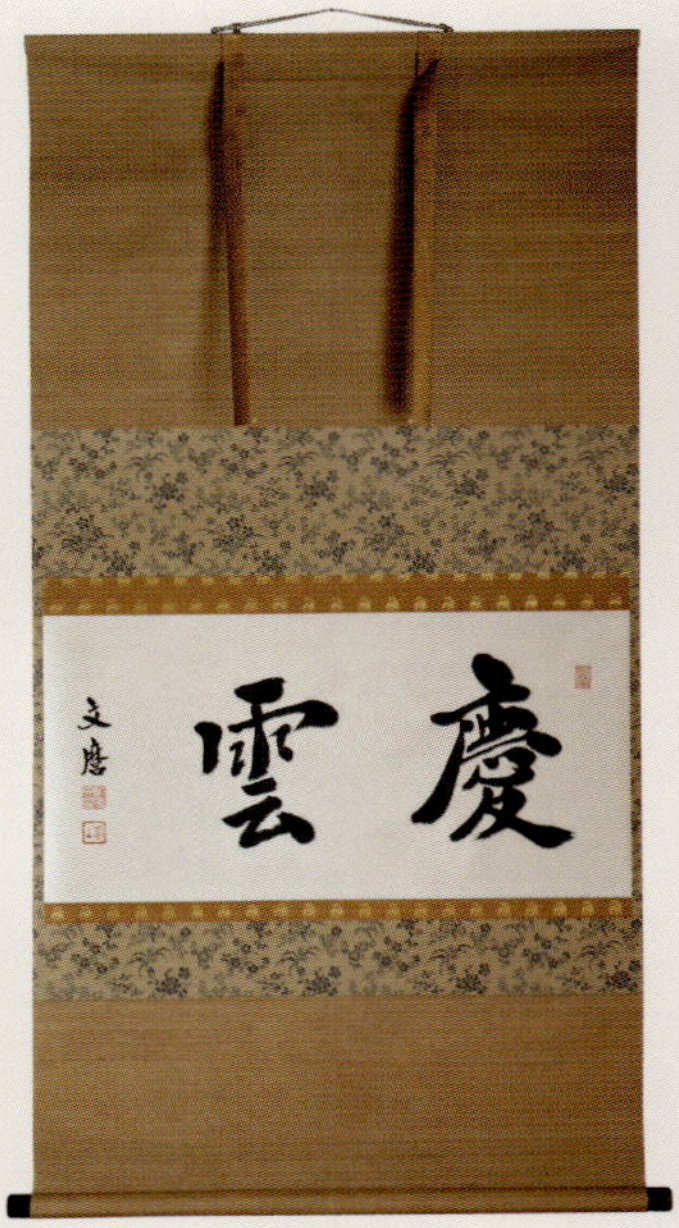

墨蹟（横一行）
近衛文麿筆　慶雲

絵画
竹月図　柴田是真筆

画賛
辰川宗弘（宗和流十二代）筆　紅葉画賛
山高み風にちりくるもみぢ葉を
した行く水やまたさそふらん

花入

季節そのものであり、〝一瞬の美しさ〟を表す生花は、床の間を飾るうえで大切な要素です。その日の趣向や招く人の好みの花を店で求めるのも良いですが、自宅の庭や山で摘んだ草花が一番のごちそうです。それがたとえ雑草だったとしても、主人自らが花を調達し、生ける、という行為こそが気持ちの込もったもてなしとなるのです。

花入の種類

花を生ける器を花入といい、金属や竹、木、やきものなどさまざまな材料や技法で作られます。床柱に掛けたり、天井から吊るタイプもあり、意匠も形も多彩で、器そのものも楽しめます。

ここで取り上げるのは、基本となる「かね」、「竹」、「籠」、「やきもの」の4種。古来より仏具にも用いられる「かね」は、銅をメインとした合金や銀など金属でできており、格式の高いものです。「竹」は、節と節の間の空隙を利用して、花を挿せるように加工したもの。千利休が自ら作り、茶席で使ったことが竹の花入の始まりとされています。昔の茶人や武将が自作した竹の花入も今に伝わっています。「籠」は、竹や蔓《つる》、籐を編んで、さまざまな形に作られ、持ち手のついたものなど、バリエーションは豊富です。竹や籠は内側に水を入れる容器を仕込んで使用します。「やきもの」は青磁や白磁などの磁器、備前や伊賀といった侘びた風情の陶器など、日常的にも馴染み深い器といえるでしょう。

扱いのポイント

花入は、花が美しく見えるものであることはもちろんのこと、掛軸や部屋のしつらえと雰囲気が合うものを選びましょう。趣向によっては大きな鉢に水を張って花を浮かべたり、お酒を召し上がる方を招くときに姿の良い徳利に花を挿すなど、花入ではない器で代用しても楽しいかもしれません。遊び心を発揮して花を生けることを楽しんだ方が、その気持ちは客に伝わるに違いありません。

かね
唐銅曽呂利

竹
安達宗香（宗和流十一代）作
竹尺八　銘狸

籠
豫楽院好　手付籠写　瓢阿作

やきもの
根津千恵子作　朝鮮唐津

床の間が畳の場合、敷板という薄い板を敷くと花入が映えます。左写真では、かねの花入には漆塗りの敷板（右）、やきものには木地の敷板（左）を敷いています。籠の花入は畳に直接置いてもよいでしょう。

基本編　床の間を飾るもの

香炉・香合など

床の間の基本形では付書院や違い棚が付随します。違い棚は調度品を飾る棚。付書院は、座敷において縁に張り出して造り付けられた机が発展したもので、現代でいう書斎です。これらには、硯箱をはじめとした文房具、香を焚くための香炉、香合という香を入れておく蓋付きの器などを飾ります。

香炉・香合の種類

お香には、「沈香《じんこう》」や「伽羅《きゃら》」といった香木や、さまざまな香料を混ぜて作る練香《ねりこう》があります。これらは、火に直接くべるのではなく、灰に埋めた炭で温めることで香りをくゆらせます。そのための器が香炉で、空薫《そらだき》香炉や聞《きき》香炉があります。空薫香炉は、仏前に置いたり部屋全体に香を焚きしめるためのものです。聞香炉は直接香りを聞く（香道では、香りをかぐとは言わず、聞くと表現します）ためのもの。また、着物の袂《たもと》に入れて持ち歩く毬《まり》香炉（袖香炉ともいう）などがあります。古来より調度品としても好まれたため、さまざまな材質やデザインで作られてきました。

香合は、少量の香を入れるだけなので小さく、洒落っ気のある凝った意匠のものも多々あり、テーマ性を表現しやすいともいえます。

扱いのポイント

香炉のほとんどは脚が三つあり、そのうちの一つを正面に向けます。花入と同様、畳に直に置かず、卓や盆などに載せた方が香炉が映えます。香合には、帛紗《ふくさ》や奉書《ほうしょ》を敷いてもよいでしょう。

炭で香を焚くには道具も必要なため、ハードルが高いと思われがちですが、まずは手軽に線香を立てることからスタートしてみてはいかがでしょうか。

＊＊＊

応用編では、香炉や香合のほかの調度品も交えて床の間を飾っています。これらを参考に、掛軸、花入とともに、自由な発想で、自分らしいストーリーを組み立てて楽しんでください。

空薫香炉
素胴三足香炉　南鐐秋草透火屋　藤井由香利作
盆　桑四方盆　源氏香図蒔絵

香合
仁清写　梅　即全作

香合
交趾　蛙

提箪笥
羊歯熨斗蒔絵

袖香炉

お弁当を携え、遊山のイメージで

P.54 ～ 55 の床の間をベースに、花見を趣向としてしつらえました。掛物は近衛忠熙が桜の和歌をしたためた扇面で、高さ調節のできる垂撥（すいはつ・須田賢司作）に掛けています。前の卓には生花の代わりに香道具の桜の差枝袋、付書院には蒔絵の弁当セット。花見遊山に行くイメージです。“花見”のようにキーワードを設定すれば、道具の組み合わせも思い描きやすいかもしれません。

現代作家の写真や絵画も床の間に映える
書や水墨画ではなく、もっとカジュアルに現代の写真を飾ってみました。モノクロの写真（淺川敏撮影）に、白のすっきりとしたフォルムの花入（黒田泰藏作）、そこにピンクのナデシコを一輪入れました。床の間というと伝統、格式と肩肘を張っていると思われがちですが、実はモダンな風情も作り出せるのです。

アイデア次第で、どこでも床の間
現代の住まいでは床の間がないことも多くあります。そのときには、襖や壁に掛軸を掛けてはいかがでしょうか？　その前に小さな机やテーブル、まな板ほどの小さな板などを置いて花を生ければ、床の間同様の空間が生まれます。日常生活でも、床の間というほんの少し尊い場を作って、床飾りを楽しんでみましょう。

いかす

旧家リフォーム実例

南北両側に縁側のある座敷は独立性が高く、賓客をもてなすためのもの。風通しがよく、九州の厳しい夏を涼やかに。

いかす 実例 8

古建築研究家
中山章さんと拝見

母の好んだ建具を活かして新旧の材料を調和させる

福岡県みやま市 O邸

Data

築後年数	約 90 年
改修面積	177.86㎡
施工期間	180 日

有明海にほど近い福岡県南部の小さな旧城下町。道端のあちらこちらでお地蔵さんやお稲荷さんが大事に祀られている。そんなのどかな一角に居を構えるO家は、元士族だったそうだ。昭和初期にお祖父様が建てたというO邸も、中山章さんによると「道に面して玄関と座敷というハレ（表向き）の部屋が設けられているあたりは、武家屋敷風のつくりですね」とのこと。

玄関を入ると古式な畳敷きの取次の間。その右手に次の間、座敷が続く。格の高い筬《おさ》欄間、同じデザインの欄間障子など手の込んだ古い建具がきれいに修復され、凛とした往時の姿をとどめている。「子どもの頃からこのお座敷が家の主役でした。玄関からつながる雰囲気を祖父がとても大事にしていたので、建て替えは考えませんでしたね」とOさんの妹さん。

リフォームのきっかけは、病身のOさんが車椅子生活を余儀なくされたことだった。ご主人を亡くされてからは実家に戻り、ご両親と独身のOさんの世話をしてきたお姉さん。そんな兄と姉を気遣い

右／玄関取次の間から、次の間、座敷を望む。仏間をLDKに取り込んだので、仏壇は次の間に移した。　左上／座敷の前の庭を低い塀で囲っている。非公式な訪問は縁側からというのも武家風のしきたり。　左下／玄関から、取次の間、奥のLDKへと続く。LDKをつなぐ襖の裏側がお母様の好きだった赤い舞良戸（まいらど）になっている。

「夏は風の通る葭戸《よしど》、冬は断熱性のある襖、季節ごとに建具を交換して自然と共生してきたんですね」

支えてきた福岡に嫁いだ妹さん。当初、姉妹で考えていたのは、バリアフリーにして暮らしやすくすることと雨漏りなどの修繕だった。

しかし、見積もりを依頼した施工会社の図面は間取りがほぼ既存のままで物足らず、住宅展示場で印象の良かった住友林業ホームテックに電話をしたという。「すぐにデザインを出してくれたのですが、思いもつかなかったお洒落な提案で本当にびっくりしました」。

その驚きは、玄関取次の間正面の襖を開けてわかった。和風の趣が一転、小屋裏の部材まで現しにした高い天井と白い壁のモダンなLDKが広がっていた。かつての土間と台所、廊下、仏間、和室の一部を一つにしたおおらかな空間だ。襖の裏面はお母様が好きだった、板を細い桟木で押さえた赤い舞良戸《まいらど》が復元されていて、空間に華やぎを添えている。東向きのLDKは早い時間から日影になるため天井面にトップライトが設けられ、冬でも陽射しが降り注ぐ。「のびのびして本当に気持ちが良いんです。満月の夜は照明を消し忘れたかと思うほど」とお姉さん。

中山さんは「今回のリフォームはかなり大胆な設計で、技術的にもしっかり応えていますね」と感心の声をあげた。「たとえば土間と台所の梁が低かった部分や間取りの変更で柱を撤去した部分を集成材の新しい梁で補強し、高さも確保しています。新たな部材や古材の埋め木部分も古色付けで上手に処理され、パッと見ただけではわかりません。良い仕事ですね」。

収納が増えてすっきり片付くようになったこと。段差がなくなりつまずかなくなったこと。家全体に断熱材を充填、窓を複層ガラスのサッシにしたので、厳しかった暑さ寒さが和らいだことも姉妹の嬉しい実感だ。福岡の自宅から毎月様子を見に来ている妹さんは、「孫たちも新しくなったこの家が大好きです。来ると帰りたくなくて、まるで別荘ですね」と笑う。

新旧を絶妙につないで快適によみがえったこの家は、ゆくゆくは妹さんの息子さん家族が引き継ぐという。大事な思い出とともに、にぎやかな家族の笑い声も引き継がれていく。

壁を白く塗り直した以外はすべて往時のままに保存。床柱は杉の磨き丸太で、床脇に違い棚、天袋と地袋、付書院が備わる格式の高い床構えになっている。

右／筬欄間に合わせて細かく組子を入れた付書院の欄間障子。 中／座敷の障子には、大正時代から昭和初期に洒落たガラスとして人気が高かった手作りの結霜ガラスがそのまま残っている。 左／画家で早逝した叔父様が描いた杉板戸も保存。また叔父様の作品である掛軸も折々に飾って往時を偲んでいるという。

広縁に面した細い格子の筬欄間が、座敷の格の高さを表す。広縁の赤いスクリーンを下ろすと、部屋の雰囲気ががらりと変わる。付書院に飾られた鹿角はかつての刀掛け。

「筬欄間《おさらんま》に、付書院の組子も見事なつくり。
床構《とこかま》えも床、棚、書院の三点を備え、
格式の高さを物語っていますね」

天井が２倍近く高くなり、
光あふれるのびやかな空間
に。オークなぐり調の床が、
和モダンの味わいをさらに
引き立てている。

「既存の部材と、塗装で古色付けした新しい部材の組み合わせが、光あふれる白い空間とマッチしていますね」

上／ダイニングからリビング側を見る。右手の赤い建具が修復された舞良戸。窓辺のスクリーンも色を合わせている。　右／土間に床を設けた分、天井が低くなったため、古梁を集成材の新梁に付け替えて補強。古色の塗装、埋め木の仕方が絶妙で、以前のまま残した古材と良くマッチしている。　下／リビング側からダイニングキッチンを望む。キッチンと一体に組み合わされたダイニングテーブルが「思いのほか使い勝手が良い」とお姉さん。

Point ここが不便だった

◉玄関と土間の上がり框がとても高くて、上り下りが大変だった。
◉小さな段差があちこちにあり、つまずくことが多かった。
◉隙間風で冬の寒さがこたえた。特に座敷は冷蔵庫のようだった。
◉雨漏りがしていた。
◉建具が歪んで開閉が大変だった。
◉座敷が主役、仏間中心の家だったので、
茶の間や台所など暮らしの場が隅に追いやられていて使いにくかった。
◉座敷以外は採光が悪く、昼でも薄暗かった。
◉収納が少ないためいつも雑然としていた。

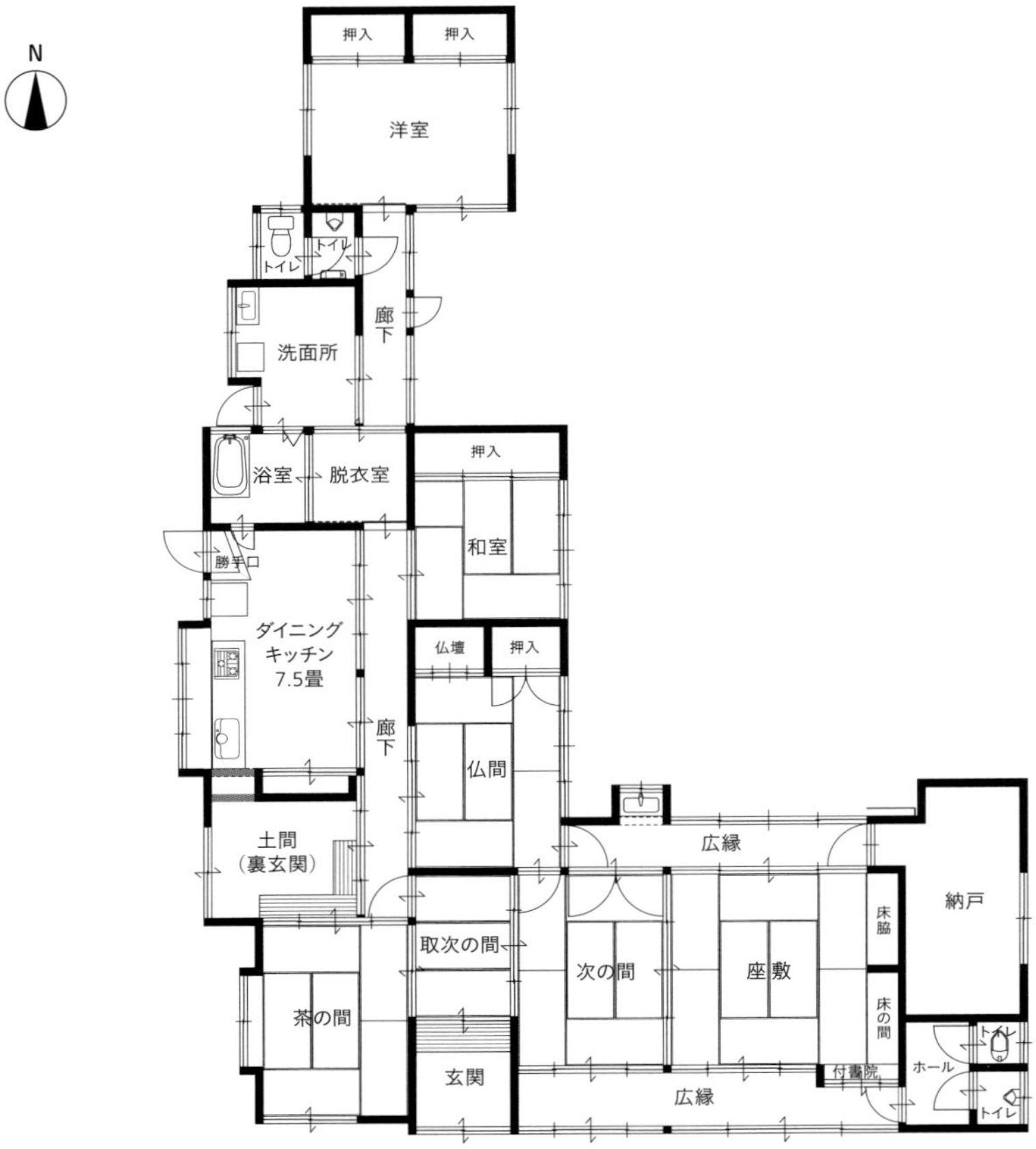

改修前平面図 1/200

リフォーム前の様子

右／築約90年の風格漂う外観。　中／元は大きな土間だったが、以前のリフォームで西向きの台所に改装。　左／台所の向かいは廊下をはさんで仏間と和室。天井が低く、暗かった。

After

Point 改善されて快適になった

洗面所、お風呂、トイレもバリアフリー仕様に

車椅子生活のOさんが使いやすいように、水まわりを一新。タイル張りのお風呂をシステムバスにしたので、暖かくメンテナンスも楽になった。

母の思い出深い舞良戸をいろいろな居室の建具に

お姉さんの寝室や和室、Oさんの居室なども、建具は修復した赤い舞良戸を立てた。生まれ変わった家にもお母様の思い出が満ちている。

リビングから庭を楽しめるように

東向きに大きな開口を設けた。今まで仏間に遮られて見えなかった庭を楽しめるようになった。

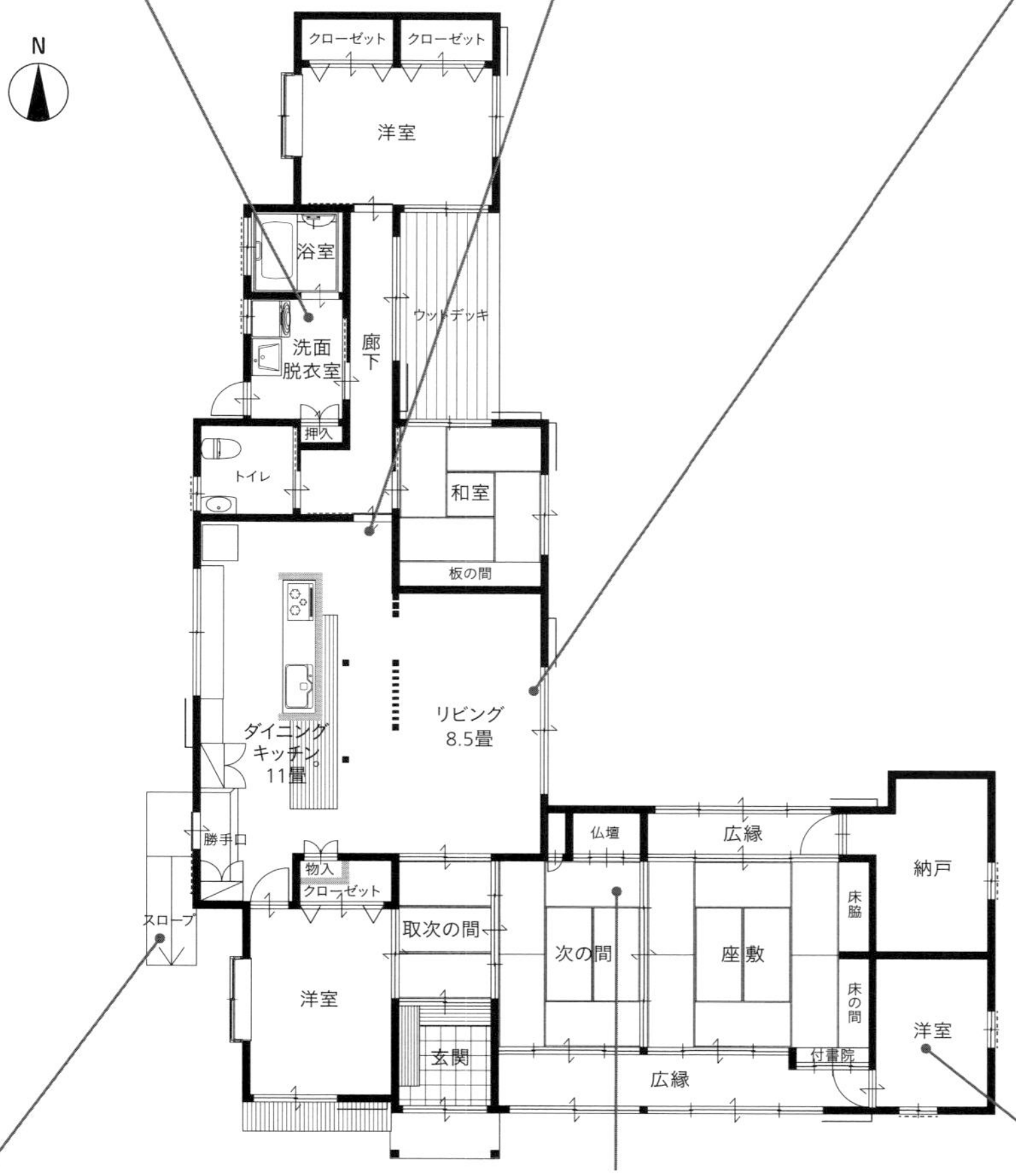

改修後平面図 1/200

勝手口の外から門に向かってスロープを

茶の間をOさんの居室としてフローリングにし、勝手口側に出入り口を設けた。勝手口前はスロープになっているので楽にアプローチできる。

以前と同じひな壇型の仏壇を次の間に

仏間を撤去するにあたって悩んだのがお仏壇の位置。次の間に以前とまったく同じ形のお仏壇を作ってそのまま移動でき、ホッとした。

絵が趣味という姉のアトリエを新設

客用トイレと納戸だった部分を、トイレを撤去し、納戸を少し小さくしてお姉さんの趣味のアトリエにした。

いかす
実例 9

新築でなくリフォームを選んでよかった薪ストーブの温もりに人が集う

茨城県常陸太田市　S邸

新たに薪ストーブを設置して暖かなサロンにした玄関ホール。堂々とした小屋組みを見せた。

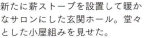

上／庭の眺めを楽しむリビング。従来の和室を洋間に変えた。表面に凹凸のあるオークなぐり調仕上げの床が落ち着いた雰囲気を作る。　下／リビングから玄関ホールを見る。建具は既存のものを使った。素朴な木製格子の欄間なども旧家ならではだ。

Data

築後年数	約 120 年
改修面積	180.56㎡
施工期間	150 日

神経痛に悩まされたほどの寒さが解消 活動的な毎日に

上右／玄関の繊細な縦格子や欄間の洒落たデザインが光に浮かび上がる。梁は天井に隠れていたものを現しにした。　上左／お母様が上り下りしやすいように玄関には式台と手すりを設置。土間には色の美しいレンガを敷いている。　下／キッチンは対面式の最新のものに替えた。ダイニング側にもたっぷりとした収納がある。明るい空間で庭を見ながら食事が楽しめるようになった。

「残せる限り残す」——それがSさんご夫妻の決断だった。

そもそもは、キッチンが使いにくい、ということから始まったリフォーム計画。隙間風で寒いことも、ぜひ解決したい問題だった。冬の寒さが厳しすぎて、一緒に暮らすお母様が神経痛に悩まされたほどだったからだ。キッチンを使いやすいものに、そして暖かな家に。しかし建具や家具などで使えそうな物は、できるだけ使うということをリフォームの基本に据えた。「歴史の刻まれた家を、可能な限り残したいと思いました。昔の家は、材料も良いものを使っている。住み継いできた家族の思い出もあります」とご夫妻。

依頼先候補は、最終的には2社に絞ったが、1社は何かにつけて「できるだけ新しく」という姿勢。もう1社は対照的に「できるだけ残す」ことを基本にしていた。もちろん、ご夫妻の意向に沿うのは、後者。それが住友林業ホームテックだった。

築約120年の家のリフォームが始まる。ご夫妻と高齢のお母様

客間の和室を寝室に変え、寝室奥にはウォークインクローゼットを設けた。床の間だった場所を、建具を再利用して入り口に。

に引越しや仮住まいの負担をなくすため、住みながらのリフォーム工事となった。生活への支障がないよう、工事区画を分けて慎重に工事を進めた。キッチンは最新のものに交換し、ダイニングとリビングは従来の和室を改造して明るく広々とした空間に。玄関ホールには、ご主人の念願の薪ストーブを設置してサロンを作り、お母様の部屋もバリアフリーに配慮しながら新たに整えた。また、奥様の強い希望でもあった中東の遊牧民の手織り絨毯「ギャッベ」が似合うインテリアにするために、なぐり調仕上げの床材を採用。さらに徹底したのは、建具の再利用だ。繊細な組子の障子はできるだけ使える場所を探して活かした。

「これまでの落ち着いた雰囲気を引き継ぎながら、暖かく快適な家になりました。以前は暗くて寒い場所があり、使う部屋が限られていたのですが、リフォーム後はすべての部屋を使っています。家全体が生き返ったようです」とご夫妻。「建て替えなくて良かった」。ご家族の誰もがそう感じている。

付書院に使われていた組子障子はそのまま残した。これだけの繊細な手仕事は、今ではほとんど見ることができない。

旧邸の建具は基本的にすべて再利用する方針で臨んだ。同じ場所に使えない場合も、使用できるところを探して活かしている。

家族の思い出の詰まった歴史ある家
古き良き材を可能な限り残したい

Before

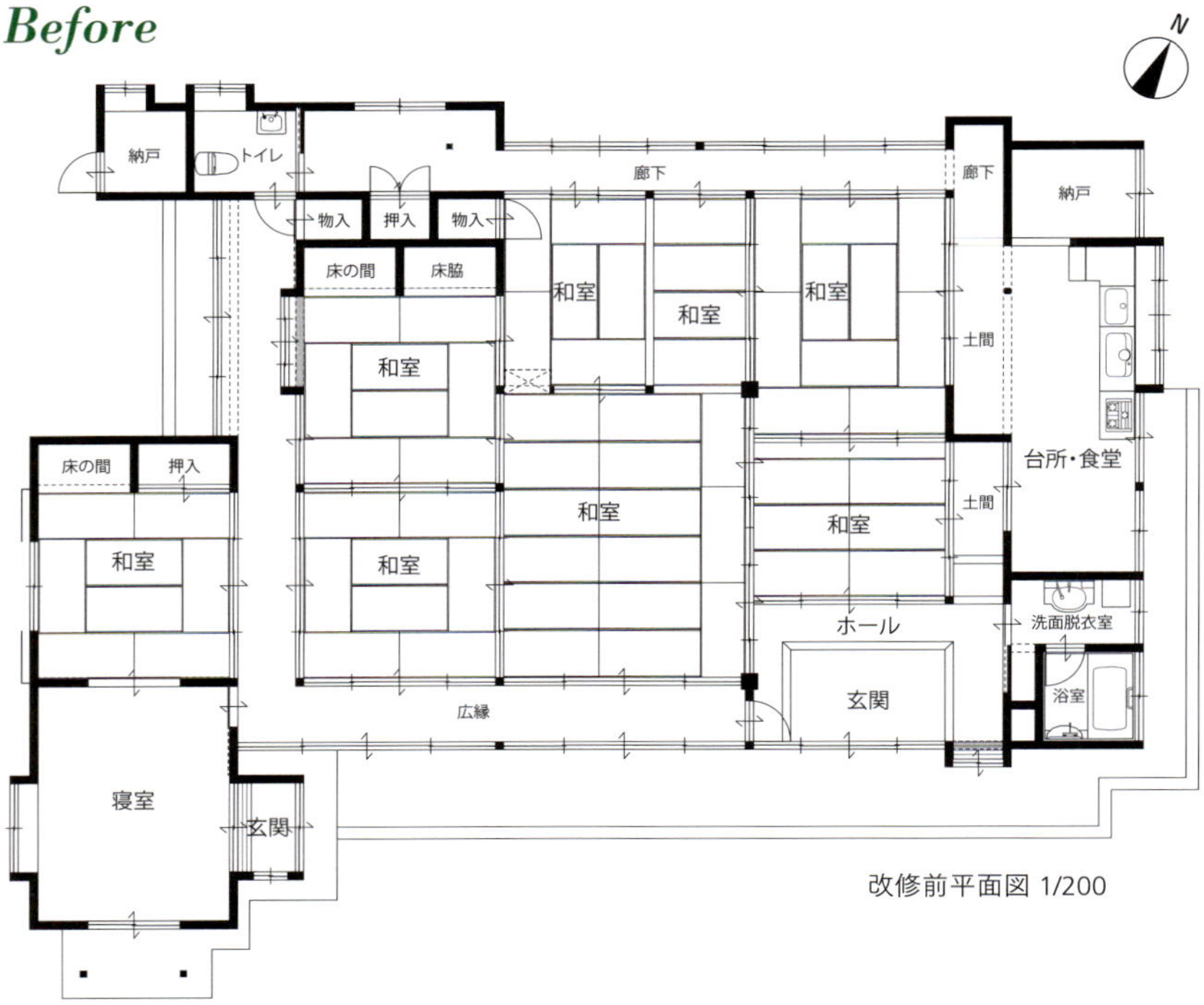

改修前平面図 1/200

上／お母様の寝室を新たに設けた。客間との間を仕切る建具も一部にガラスをあしらった珍しい趣向のもの。　下／築約120年を数える堂々たる佇まいをそのまま受け継ぐ。屋根は耐候性の高いガルバリウム鋼板で新たに葺いた。

リビングから廊下に出るドアには、ご友人から贈られた大きなステンドグラスを入れた。桜をモチーフにデザインされている。

リフォーム前の様子

上／木製建具は隙間風が入りとても寒かった。　中／玄関を上がるとすぐ茶の間になっていた。　下／低いキッチンが使いにくかった。

After

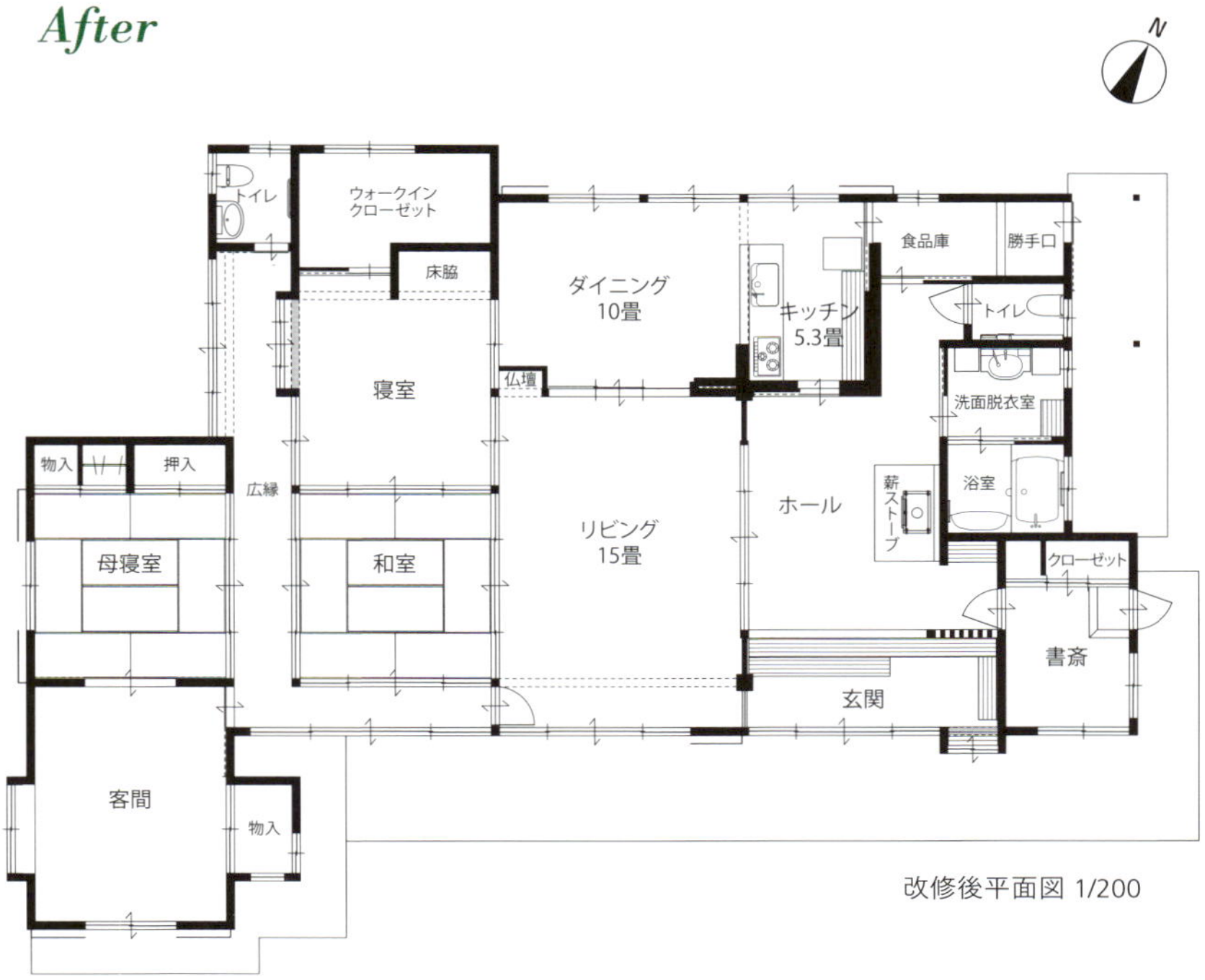

改修後平面図 1/200

いかす 実例 10

築360年の旧家を気軽にコーヒーを楽しめる土間空間に

福島県下郷町　茶房やまだ屋

開放的で広々とした店内。土足のまま入れるように床を取り払い、土間にフローリングを直に施工した。テーブルの花器は奥様の作品。

Data

築後年数	約360年
改修面積	115.84㎡
施工期間	63日

右／店内の壁には、奥様の絵皿のコレクションを飾っている。専用の棚は新たに造作した。
左／囲炉裏テーブルを新たに設け、以前から実際に使用していた自在鉤（じざいかぎ）を吊った。人気の席となっている。

下／築約360年を経た外観。今では見ることが少ない茅葺き屋根。この町並みには同じような茅葺き屋根の家が軒を連ねる。　左／表通りから建物の横を奥に進むとカフェの入り口がある。窓の格子や外壁の下見板は、すべて従来の雰囲気に合わせて製作した。

奥様のご両親が高齢のため、福島県の実家に帰ることにしたMさんご夫妻。その家は国の「重要伝統的建造物群保存地区」にも指定された宿場町の旧家だ。建築から約360年を経た茅葺《かやぶ》きで、ご両親はそこで雑貨販売をされていた。毎年多くの観光客が訪れるこの町に気軽にコーヒーが飲める場所がないことから、新たにカフェをオープンすることにした。

旧家を使ったコーヒー店というと、靴を脱いで上がるものが多い。しかし、それでは気軽に利用できないと考えた奥様は、土足のまま入れる店にすることを希望。また、実家にあった囲炉裏を使うこと、ご自身が趣味で集めた絵皿のコレクションがディスプレイできることなどを望んでいた。

依頼を受けた住友林業ホームテックの担当者は、囲炉裏のあった和室の床と壁を取り払ってフローリングを直張りした土間空間を作った。葭《よし》を張った天井や、柱・梁は受け継ぎ、漆喰の壁も塗り直して、従来の旧家の趣のある空間をそのまま残した。

「囲炉裏は、以前床座で使っていたものを使うことはできませんでしたが、テーブル式のものを提案していただいたので、今まで使っていた鍋などを吊す自在鉤《じざいかぎ》をセットすることにしました。とても魅力的な席ができました」と奥様。

また、2階の和室も客席として使うことにして、お客様の動線に合わせ新たな階段を設けた。客席と階段を仕切る縦格子や店内で使っているさまざまな建具、さらに奥に設けた奥様のコレクションの絵皿を飾る棚も、既製のものは一切使わず、すべて旧家の雰囲気に合わせて製作している。

「茅葺きの旧家ならではの雰囲気を残しながら、お客様が快適に過ごせるようなカフェにしたいと思っていました。新しくしたところもしっかりした材料で作っていただいているので、違和感がありません。想像以上の仕上がりです」と振り返る。囲炉裏テーブルもお客様に大好評で、その席から埋まっていくという。カフェの登場が、伝統の町並みをさらに活気づけている。

2階和室は既存のまま活用 お客様の動線に合わせて階段を新設

右／階段はお客様の動線を考慮して、入り口付近に新たにかけ直した。この階段と、客席からの視線を遮るために設けた左右の木製格子は、建物の雰囲気に合わせてすべて製作した。　左／2階の座敷。ゆっくりしたいお客様は、ここで足を伸ばすことができる。

リフォーム前の様子

右／頭上に見える太い梁と葭天井。このまま新しい空間にも活かした。
左／柱と柱を結ぶ貫の間を土壁で押さえ、建物の強度を確保していた。

Before

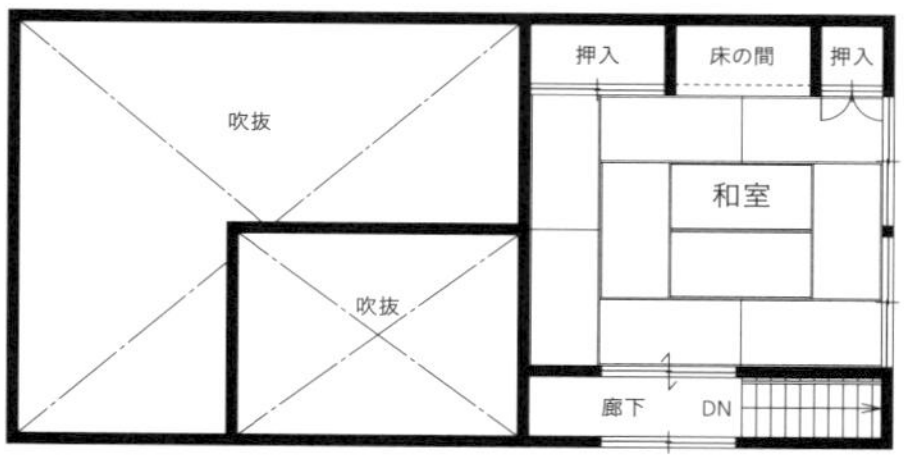

2 階

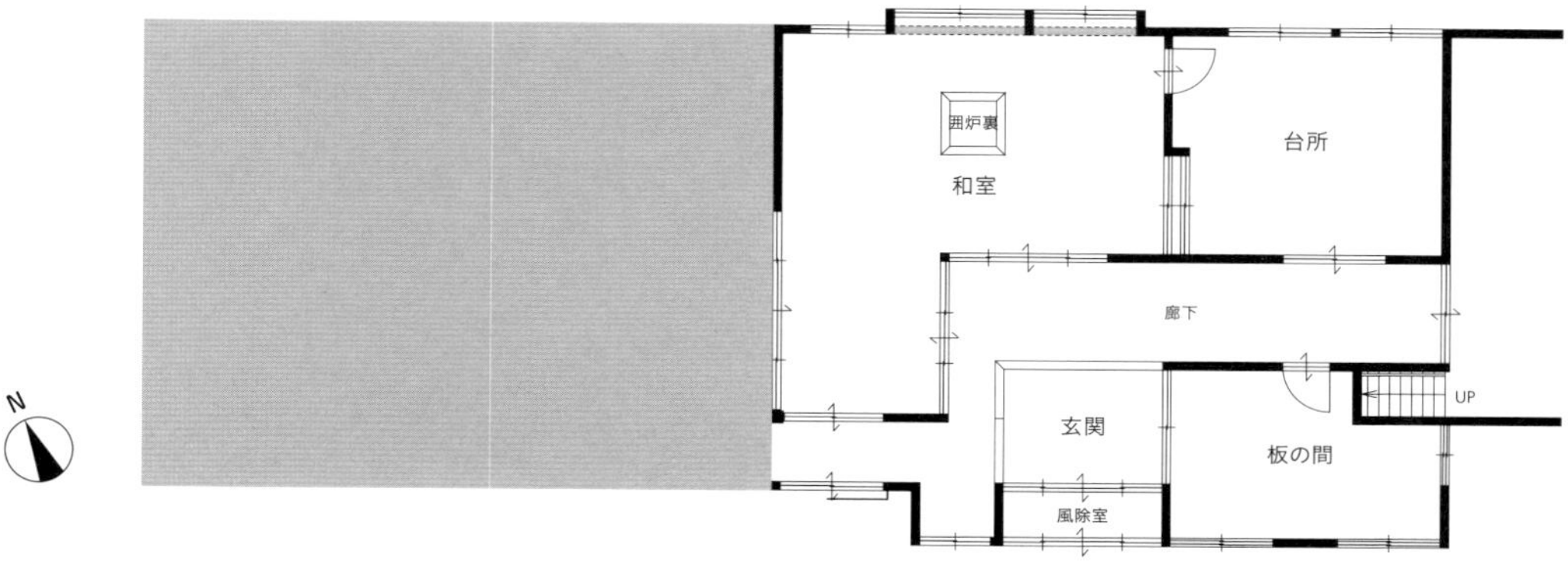

改修前平面図 1/200　1 階

After

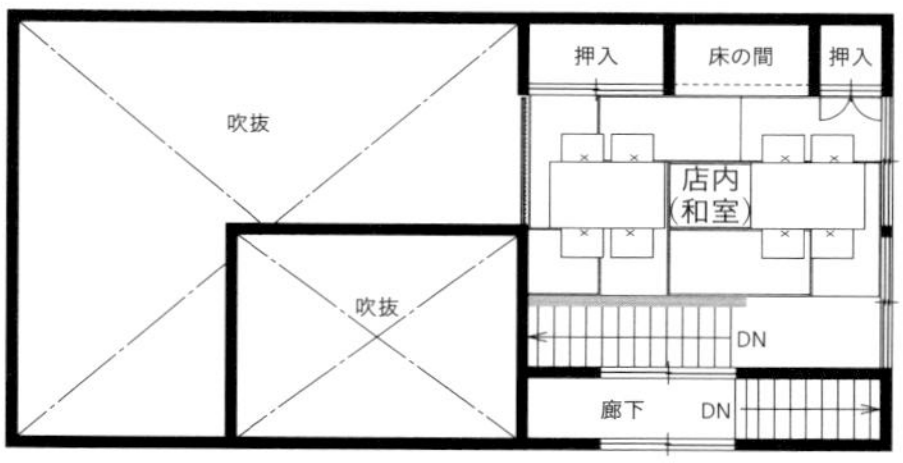

2 階

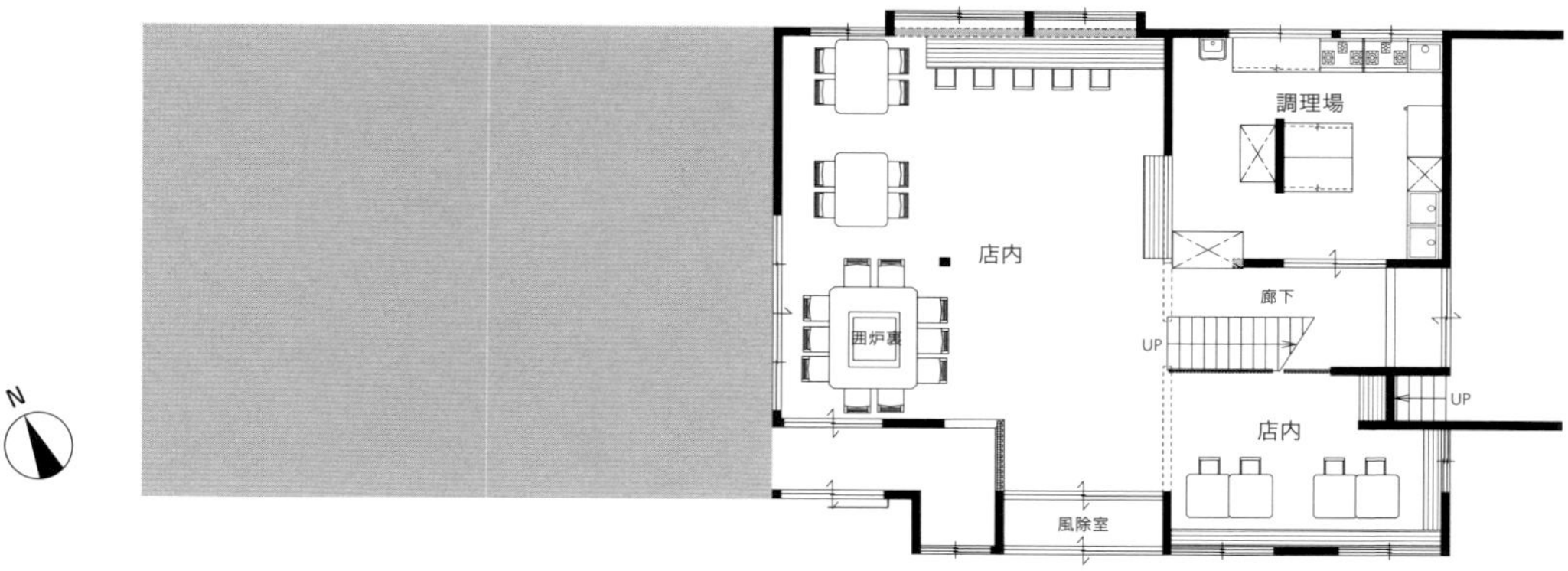

改修後平面図 1/200　1 階

＊ ▒ ：未施工範囲

いかす 実例 11

地域のみんなが集まってくる場所 開放感のある五右衛門風呂が楽しい

神奈川県川崎市 S邸

Data

築後年数	約100年
改修面積	221.62㎡
施工期間	240日

右／土間空間の奥に露天で設けた五右衛門風呂。大きさや高さ、釜の位置などを細かく検討しながら作りあげた。　上／築約100年の平屋が、暖かく明るい家に再生した。玄関まわりの外壁は、下見板張りで新たに仕上げた。　左／玄関を入るとすぐに広々とした土間空間が広がる。その右奥にキッチンが。　下／広い土間空間はそのまま大広間に続く。建具類はすべて既存のものに必要な修理を施して再利用している。間仕切り戸の上部の壁には、既存の障子をはめ込んだ。将来、地域の人にさまざまな教室を開く場所として利用してもらう計画だ。

15畳の部屋が二つつながった30畳の大広間。工事中に現れた小屋組みを見てもらうため、天井は張っていない。

明るく暖かくなった家で
子どもたちに日本の伝統的な暮らしに触れてほしい

　結婚間もない頃、Sさんご夫妻は、この家でご両親と同居していたことがあった。とても寒い家だったので新しく二世帯住宅に建て替えようと誘ったこともあったが、ご両親は取り壊しに反対で、ご夫妻は同じ敷地内に家を構え〝隣居〟の暮らしを続けてきた。

　その後ご両親が亡くなられてこの家は空家となり、農業をしているSさんが、広い土間を使って子どもの農業体験イベントなどを開いてきた。使わないときも風を通したりしていたが、人の住んでいない家の傷みは早い。そこでイベントスペースを充実させる意味でも、この家を全面的にリフォームしてはどうかと考えた。ゆくゆくは、今の自宅を子どもに譲って、自分たちがここに住んでもいい。

　計画は大きくふくらんでいった。土間を倍ほどの広さにして、土間が家の中の作業場として使われていた昔の農家の暮らしをみんなに知ってもらう。また、大広間や五右衛門風呂なども用意して、実際に使ってもらったらどうか。もちろん、暖かな家にしてプライベー

右／庭先の蔵も改修。扉は既存のものだが、庇は檜の柱を立てて新たに取り付けた。　左／広縁には断熱性の高い複層ガラスのサッシを入れた。冬はぽかぽかと暖かい。広縁も日本の伝統の暮らしには欠かせない。

右／あえてシステムキッチンにせず、この空間に合わせて大きなキッチンを現場で造作した。ブルーのモザイクタイルが空間を明るくする。　中／五右衛門風呂とは別に、家族用の浴室も設けた。　左／プライベート空間として洋室も二つ用意。屋根の高さを活かして小屋裏収納を設けている。

トスペースも充実させよう、と。実際に工事を始めると天井裏に豪快な小屋組みが隠れていることがわかった。これも現しにして見てもらうことにした。ただ、五右衛門風呂の再現は簡単ではなかった。「基本になるプランがありません。風呂釜の位置や洗い場の高さ、風呂桶の高さなど、住友林業ホームテックの担当者や大工さんと話し合い、試行錯誤しながら作っていきました」とご主人。

リフォーム完了後に見学に来た人は皆、太い梁を見上げて感心している。子どもたちは広い土間や五右衛門風呂に興味津々だ。工事中に柱時計など古いものが蔵から出てきたので、それを含めて、この家で日本の伝統の暮らしを伝えていきたいとご夫妻は考えている。「昔、壊すことに反対した両親の気持ちが今はわかります。新しいものはいつでも手に入りますが、古いものは一度壊してしまったらもう手に入りません」と語るご夫妻。今多くの人が、この家を舞台に昔の暮らしや住まいのことを思い、未来を考え始めている。

リフォーム前の様子

右／広縁の掃き出し窓は単板ガラスで非常に寒かった。　左／床の間のある和室は傷みが目立った。この天井の上に太い梁が隠れていた。

Before

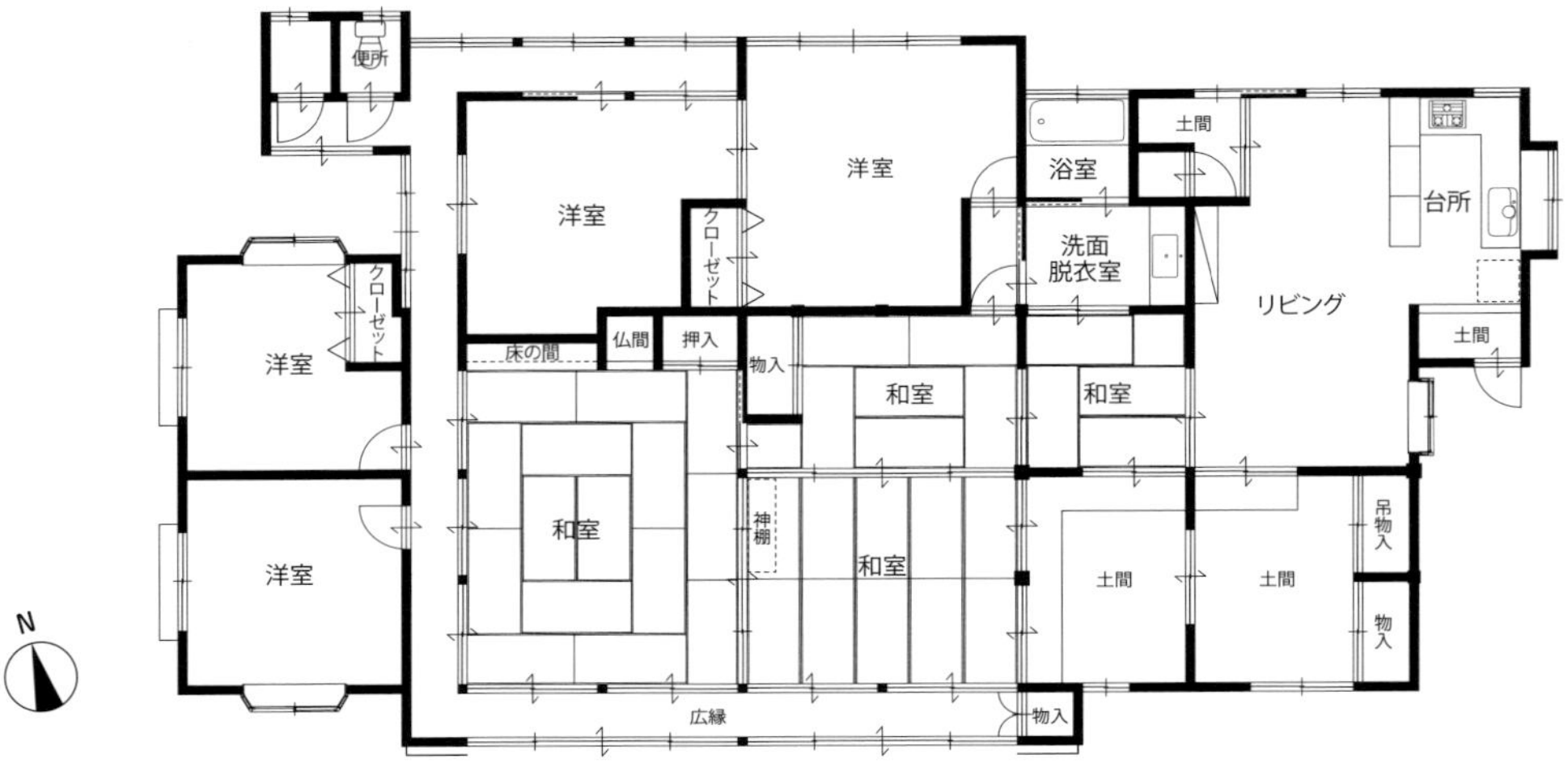

改修前平面図 1/200

After

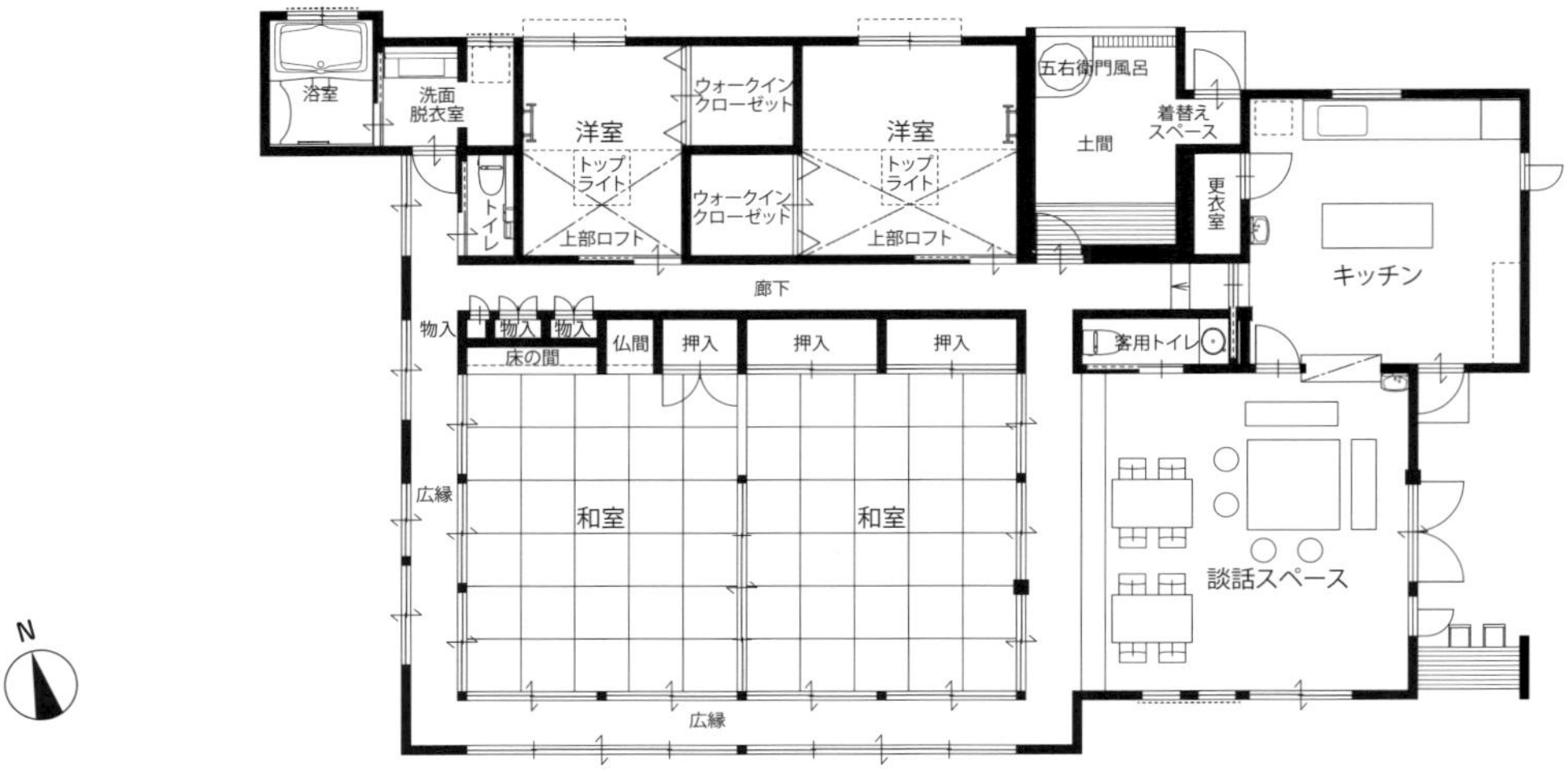

改修後平面図 1/200

温故知新
インタビュー

このインタビューは住友林業ホームテックが町家改修を手がけた岐阜市の生花店「華久」で行われた。「華久」の改修についてはp.94～95で紹介している。

古いものを守りながら現代的な快適さも求める

アレックス・カーさん

インタビュアー：**大澤康人**（住友林業ホームテック 旧家再生研究所所長）

日本の文化や建築をこよなく愛し、探求するアレックス・カーさん。徳島県の山奥、祖谷《いや》の民家との出会いから、日本各地の古民家再生を手がけ、まちおこしのコンサルティングも行っている。人口減少や過疎化を逆にチャンスと考え、今の時代にかなった、今の時代だからこそできる、独自の古民家再生のお話をうかがった。

40年前に買った祖谷の民家、「篪庵《ちいおり》」が活動の原点

大澤康人　日本に来られて51年目とお聞きしました。なかでも日本の三大秘境の一つといわれている徳島県の奥深い山中の祖谷に、若い時代に茅葺《かやぶ》き民家を購入され、今もそこを拠点にさまざまな活動をされています。実は私は愛媛県の出身で、高校時代は徳島県の峡谷、大歩危《おおぼけ》小歩危《こぼけ》辺りまでは行っていたのですが、祖谷の山奥までは……。祖谷との出会いをお聞かせください。

アレックス・カー　父の仕事の関係で12歳で横浜に住み、三浦半島の三崎にも住んでいました。イエール大学の日本学部に在籍していた1971年、約2カ月間をかけて北海道から九州までヒッチハイクをしながら旅をしました。四国に渡った目的は道後温泉に行きたかったからです。そして私も大歩危小歩危に行き、そして祖谷に行き着きました。急斜面の山に民家が点在し、雲や霧が下から湧き上がってくる。びっくりするような地形に人が住んでいる。土地は痩せ、田んぼも作れない。人々が好んで祖谷に入ったとは思えません。平家の落人などが住む隠れ里だったと言われていて、生活をするには非常に厳しい土地です。僕が行ったときは川沿いに旧街道がありましたが、舗装されていない道も多くガード

アレックス・カー　Alex Kerr
東洋文化研究者。1952年、米国メリーランド州生まれ。幼少時、父の赴任で横浜に住む。74年、イエール大学日本学部卒業。72年〜73年、慶應義塾大学国際センターで日本語研修。74年〜77年英国オックスフォード大学中国学専攻、学士号・修士号取得。77年から京都府亀岡市在住。東洋文化に関する講演、通訳、執筆活動を行う。2010年から景観と古民家再生のコンサルティングを地方に広げる。著書に『美しき日本の残像』（朝日文庫）、『犬と鬼』（講談社）など。

レールもない。車は入れず、集落に行くには1時間ほど山道を歩きます。その祖谷に魅せられて通い続け、73年に民家を手に入れることができました。

大澤　景観もすばらしかったのでしょうが、茅葺きの屋根で建物そのものも日本の伝統構法で作られたものですよね。建築に対しての興味もあったわけですね。

アレックス　もちろんです。その家は300年前の江戸期元禄時代の建物で、柱、梁、床などの素材が本当に逞《たくま》しくきれいでした。しかし17年間も空家だった家を住めるようにするには何年もかかりました。その家に『篪《ちい》庵《おり》』という名前をつけました。「篪」は竹の笛を示す漢字で、「竹の笛の家」という意味です。以来、僕はこの篪庵を原点にさまざまな仕事を発信していくことになりました。

潜在的に持っている古い民家へのノスタルジー

大澤　現在は京都府の亀岡市にも拠点を持たれ、古民家の再生に関わるようになられたそうですね。

アレックス　そうですね。古民家をきちんと再生し宿泊施設まで仕上げていく仕事は、京都から始まりました。当初、日本人はフルサービスの旅館や近代的なホテルに慣れているから1棟貸しのステイには馴染めないと言われ、外国人客を相手にスタートしました。しかし気が付くとその8割近くが日本人客の利用でした。やはり日本人には古い建物に対しての潜在的なニーズ、ノスタルジーがあるんですよ。都会の人は、ちょっときれいな田舎に行きたいと思っています。でもそこにある古い民宿では困る。不便な思いはしたくないらしいですね（笑）。だから安心で快適で洒落た環境でありながら古民家、というのが大きな魅力だったのでしょう。それからは滋賀県の長浜市、奈良県の五条市、長崎県の小《お》値賀《じか》町などを手がけています。小値賀町では宿泊施設を7軒、レストラン1軒の古民家再生プロデュースを行い、今では「観光まちづくり大使」に任命されています。

大澤　日本の建物は高度経済成長期にどんどん新しい建材や様式が取り入れられ、1970年代には年間200万戸もの新築物件が建

大澤康人　おおざわ・やすと
住友林業ホームテック株式会社　旧家再生研究所所長。1983年住友林業住宅株式会社（現 住友林業株式会社）入社。主に住宅設計業務を担当。住友林業株式会社大阪北支店長を経て、2010年より現職。

てられました。その一方で、古き良き建物にもかかわらず、適切な手当が受けられなかったものが多数あったようです。今、私は住友林業ホームテックで旧家の再生に数多く携わっていますが、天井を張って梁を隠すケースなど、新建材で古い材料を隠してあるのを見ることも多いですね。まるで仮面をかぶっているようです。あの時代に中途半端に手を加えて、本当の日本建築の良さをなくしたり隠したりしていると実感しました。

アレックス　古民家ブームなどと言われながら、その感覚は今も続いていますね。古いものを壊すスピードは高度経済成長期より現代の方がずっと速くなっています。1、2年前まで古い景観を残していた町があっという間に壊されていく。スピードを増しています。さらに世代交代ですね。祖父母が亡くなり、長年空家にしていた家をどうするのか。誰も家の面倒を見る人がいない。そして更地や駐車場が増えていくわけです。

日本人は新しさを誤解しているのかもしれない

大澤　日本人には新しいものが良しという観念があるのでしょうか。車でも、常に新車が発売されると買い替えていく方がいますね。新しい物好きのイメージが私にはあります。

アレックス　僕は先月1カ月間、イタリアを訪問してきました。ローマ、ナポリ、フィレンツェ、ミラノ……。すばらしい建築物を残しながら、少しも時代遅れではありません。その生活レベルは日本以上です。冷暖房からワイヤレスの通信環境、水まわりの快適さもすべて取り入れて修復しています。そういう意味では、日本人は新しさを誤解しているのかもしれません。でも、それを逆にセールスポイントに使うこともできるのです。古民家に斬新で快適な設備を取り入れていく。そのことで古民家ブームが起こっているのかもしれません。

大澤　快適であれば旧家に住みたいという方は、潜在的には少なくない。旧家を再生する理由に、先祖代々の建物をなくすわけにはいかないという方もいますが、それよりもやはり昔のものを見直そう、古いものほど価値があり、そういう空間で暮らしたいという感覚を持った人が増えていると思います。

アレックス　目的があって古い建物が好きで住みたい。たとえばこの家、華久《はなひさ》のオーナーのように家だけではなく、建具や道具などにもきちんと美的観念を持っている人が、この家を残そうとしている。こういう環境に住みたい、ビジネスとして活かしたい、あるいは何かの活動に使いたいという人たちは、古いものの良さをきちんとつかんでいると思います。文化財としての復元なら文化庁がしてくれます。日本の地方都市には厳密に復元された武家屋敷や邸宅、庭園が歴史資料として残されています。でも、この家のように、再生してこれからも使える古民家を増やしていかないと先細りするばかりです。大澤さんたちがこの家の改修でもなさっているように、柱や梁など旧家の大切な部分を残しながら新しい技術や設備を取り入れていくことが大切です。イタリアの古い建物は石造りが多いけれどもアーチなどを上手く残しつつ、ステンレスの器具とぴたっと組み合わせて補修するという工夫が随所に見られました。僕がやっているプロジェクトもそういう手法ですね。昔の復元ではなく、つまり、今の家にしたいのです。観念だけではなく、快適な部分を取り入れる。その空間に合う現代の照明器具があれば付ければいいと思います。

人口減少、過疎化を逆に
メリットと考えて町を見る

大澤　今、住友林業ホームテックに多い相談の一つは、地方都市の空家をなんとか有効利用できないかというものです。昔の家には地域性が色濃く反映されています。岐阜県でいえば白川郷や飛騨高山、また徳島なら徳島でまったく建築様式が違います。日本の地域独特の建物の特性を大事にしていかなければいけないと思います。地域の自然環境や風土に合った建物が景観として重要です。日本中、どこに行っても同じ建物ではおもしろくありませんから。

アレックス　今までとは逆の現象が起きているように思います。これまでは、古いものは経済発展に反している、壊すことで発展するのだという考えでした。でも今は古いものが経済的に強いという時代になりつつある。二つの現象をお話しします。東京一極集中といわれて地方の人口が減っていますね。Uターン、Iターンで地方に人口を戻すといいますが、都会を真似て中途半端に再開発された地方都市に、都会の人が来たいと思うでしょうか。古き良き文化的な建物の雰囲気を残した町の方がUターン、Iターンをする人たちにとって魅力的ですよね。そういう地域は強いのです。もう一つは、人口減少です。これは日本だけではなく世界中の先進国の問題です。イタリア、フランス、イギリスのスコットランド地方などでも深刻です。アメリカも大都会は別として、地方は日本と変わりなく人口が減り過疎化が進んでいます。ところが人口減少や過疎化にはメリットもあるというのです。"depopulation dividend" という言葉が、最近の学問で出てきています。直訳すれば「人口減少による配当、メリット」ですね。ある程度

鵜飼いで有名な岐阜市長良川河畔の、通称川原町。格子戸のある町家や蔵が立つ町並みが残る。伝統工芸品の「岐阜うちわ」の店などに近年、町家を修復した新しい店舗が加わり活気が戻ってきた。

「桃源郷 祖谷の山里」の「天一方」

アレックスさんが1971年に初めて徳島県祖谷（いや）を訪れ、73年に300年前に建てられた茅葺き屋根の農家を購入して「篪庵（ちいおり）」と名付けたときから、祖谷との長いつきあいが始まった。今は、篪庵トラストを設立し、美しい田舎の風景を保存していくための活動を続けている。古民家を改装して宿泊施設を作り、国内外のゲストに祖谷での暮らしを体験してもらうのもその一つ。　左2点／2015年春に「桃源郷 祖谷の山里」にオープンした9軒目の宿『天一方』。囲炉裏のまわりを掘り下げて、快適に座れるようにした。　下／「桃源郷 祖谷の山里」のある東祖谷・落合集落の風景。

過疎化すれば、次の展開が現れるというものです。たとえば、田舎にUターン、Iターンした都会の人が古民家に住みたいと思っても、借りたり、買ったりすることが20〜30年前はなかなか難しかったんです。今は、住める物件があります。人口が減ったことで空家が生まれ、それが求める人によって活用され、結果的に一人当たりの居住面積が増えていくことになるわけです。地方にとっても都会の若者にとっても、チャンスですよね。過疎化をそういうふうにとらえる考え方も出てきています。

大澤　以前、旅行関係のコンサルティング会社の方と、地方の空家の活用方法として「民泊」が注目されているという話をしたとき、そこに特別な観光名所はいらないと聞きました。滞在してその地域の暮らしぶりを見たり、祭りなど文化を体験する、それだけでいいと。

アレックス　そうですね。有名だとか、不便とか、山中、離島などという条件は関係ない。環境です。まわりの自然や景観がすばらしければ人は来てくれるのです。僕たちの仕事ではどんなに交通の不便な僻地や離島でも、それがすばらしい建物でなくても「やりましょう」ということになる。環境がすばらしいからです。美しい海や森が周囲にある。そこに快適に過ごせる宿があればお客様は来る。そういう時代になりつつあるのです。

建物の修復だけでなく、地域を再生していく原動力に

大澤　住友林業ホームテックとしては木の専門知識を持っていることが強みで、それを活かしてさらに単なる空家の改修だけでなく、住宅以外の施設など、利用目的を明確にした将来につながるトータルな提案をしていきたいと考えています。そういう意味ではここの華久さんは好例で、きちんと活用し営業し、町の景観を作っています。

アレックス　大澤さんたちのような考え方と技術があれば、旧家の修復だけでなく新築であってもシックでおもしろい建築物ができると思っています。篪庵トラストはいろんな土地の古民家修復を手がけ、そして祖谷に戻ってきました。おりしも2006年に東祖谷村と三好市が合併し、市が古民家再生プロジェクトを立ち上げたときです。以来、毎年1軒、2軒と増やしていき、私たちのプロデュースで今は8軒、うちの篪庵を含めて9軒が宿泊施設として営業しています。過疎地に力を入れ、建物の再生だけでなくその後の建物管理も行い、一つの事業として成立させ、地域再生を図っていきたいと考えています。

大澤　そのためには地域をリードしていくような人材が必要になりますね。そういう人材育成にはどのように取り組んでおられますか。

アレックス　移住促進を進めている自治体などで、起業家面接なども行っています。あなたがこの土地で新しい事業を興したいなら、私たちが研修を行い、ここで生きるための知恵を伝え、自分の足で歩けるようになるまでお手伝いします、と。UターンやIターンなどで古民家を利用し宿泊ビジネスをするなら、プロ意識を持ってほしいと思っています。

大澤　宿泊施設ができると地元の雇用促進にもつながります。交通、清掃、食事、農産物の活性化。派生効果は大きいですね。

アレックス　祖谷の場合、最初は宿泊と同時にいろいろな体験メニューも用意していました。でも意外と皆さん、自分たちで自炊をしてパーティをしたり、のんびり過ごしています。ただ一つだけとても人気なのは、蕎麦打ち体験です。集落の近所に非常にキャラクターの強いおじさん、おばさんが経営する蕎麦屋さんがありまして（笑）、そこに行って蕎麦打ちを習い、自分たちで打った蕎麦を食べるのが大人気です。祖谷の蕎麦は10割でつなぎがありません。ぼそぼそという食感ですが蕎麦の味がとても強いのです。みなさん、楽しそうです。

大澤　うーん、行ってみたくなります。食べてみたいですね（笑）。

アレックス　でしょう（笑）。是非、社員さんたちの研修も兼ねて、祖谷にお越しください。

「華久」の2階座敷にて。地域に開かれた場所にしたいという施主の希望で、2階座敷は着物の着付け教室など地域の人々の交流の場所として活用されている。

いま注目される「町家」再生

京町家など町家ブームは全国的な広がりを見せ、空家問題の一つの解決策としても注目されている。住友林業ホームテックによるリフォーム事例を見ながら、町家再生の可能性を探る。

アレックス・カーさんと大澤康人（住友林業ホームテック 旧家再生研究所所長）の対談が行われた「華久」外観。築約100年の町家が、古い町並みに彩りを添える生花店に蘇った。

多様な可能性を秘めた町家再生

ここ10年ほど、京町家を中心に全国的に町家ブームが広がっている。古い佇まいはそのままに、居心地の良いカフェやギャラリー、宿泊施設などに生まれ変わったり、若い世代が住まいとしてリフォームするケースも増えてきている。

町家は、旧家の中でも都市部や宿場町などの道に面して建てられた家で、商人や職人たちの職住併用住宅だったものが多い。道行く人の視線を遮りながら内側からの視界と風を通す格子や、虫籠《むしこ》窓の付いた厨子《つし》2階。同じような構えの家々が軒を連ねる。この味わい深い町並みを守ることでまちづくりを進める自治体も多い。

町家に惹かれる人が増えることは、今、社会問題になっている都市部の空家問題解決にも大きな意味がある。老朽化で持て余していた町家の価値を、所有者が再発見することになるからだ。住友林業ホームテックでも、購入や住み継ぎによる町家のリフォーム依頼が増えており、オーナーの多くが「まさかこんなにきれいに住みやすくなるなんて、思いもよらなかった！」と嬉しい驚きを口にする。

京町家のように古い家が密集した中でのリフォームには、さらに特別なノウハウが必要だ。縦に長くて光が入りにくい町家に、耐震・断熱性能を上げ耐久性を確保しながら、採光と開放感のある空間をいかにデザインするか。工事方法にも、密集する近隣への影響が出ないよう細心の配慮が必要になる。

長い歳月、町並みを形作ってきた貴重な町家が、リフォームで新たな歴史を刻み始める。その多様な可能性を、住友林業ホームテックの豊富な事例から紹介しよう。

上／「華久」の花の香りのする店内。壁は珪藻土で仕上げた。　下／近所には町家を再生したカフェなども並ぶ。　右下／外観。空調の室外機も格子で目隠し。2階の天井が低くなっている「厨子2階」という町家らしい形式だ。

古い町に合流した若々しい生花店

華久

岐阜県岐阜市
築後年数 約100年
改修面積 159.04㎡

岐阜県・長良川の川岸に近い通称川原町通り。今も、格子づくりの町家や黒壁の蔵が残る古い町並みの一角に、築１００年あまりの町家を再生した生花店「華久《はなひさ》」がある。

元は20年ほど前に店主のKさんのお祖父様が購入し、会社の倉庫として使っていたものを、Kさんご夫妻が店舗付き住宅としてリフォームした。「できるだけ元の姿を残し、町並みに溶け込むような花屋にしたい」という要望が実現し、平成26年度岐阜市都市景観賞・建築物部門受賞という嬉しい出来事まで付いてきた。

上／2階の和室と元納戸をオープンスペースに。洗いをかけた屋久杉の天井板が見事だ。　左上／元納戸の板の間から和室を見る。　左下／和室から板の間を見る。

上／店内。洒落た器の苔玉が人気だという。下／店舗の奥には、古材と色を合わせた2階への階段（写真右手）がある。

いま
注目される「町家」再生

1階は店舗の開口部を大きく取るために、道路に面して大きなサッシを採用。さらにサッシの外側に、景観に馴染む格子の引き戸を作った。網を張ってあるので網戸の機能も果たしてくれる。看板も趣のある木製に。2階の和室と納戸を板の間にしたスペースは、開放して地域の人に使ってもらっている。訪れた人は、現しにした古い梁や柱、屋久杉の天井板などに感嘆の声をあげるという。

「雰囲気の良いお店だねと、お客様からよく声をかけていただきます」とご主人。季節の花々が古い町並みを彩る「華久」は、人々の暮らしにも溶け込んでいる。

古い家をセンスよく 和モダンに住みこなす

T邸

三重県亀山市
築後年数 約110年
改修面積 57.40㎡

上／LDK。重厚感のある木部に、スチールフレームのテーブルにポリカーボネートの椅子を合わせたダイニング家具など、軽やかで若々しい異素材を組み合わせるのがTさん流。　下左／シャープなステンレスのシステムキッチンが、柱や梁の重厚さと絶妙に調和している。　下右／縁側はサッシを複層ガラスにして暖かく。

格子戸とシンプルなフォルムが魅力的な外観。

神奈川県から三重県亀山市に転勤してきたＴさんご家族。ご主人が以前から憧れていた旧家でのモダンな暮らしを実現するためインターネットで物件を探し、築約１１０年のこの家を購入した。決め手は、味わいのある平屋の佇まいと現しになった太い梁。加えて、外装・内装ともに改修済みで、状態が良かったことも魅力だった。

Ｔさんが目指していたのは「旧家らしさを活かしつつ、和になりすぎないモダンな空間」。そこで全体の間取りはそのままに、メインのＬＤＫをリフォームすることに。壁だった南側を木造本来の開放感が味わえる掃き出し窓にし、庭にウッドデッキを新設。隅にあったキッチンを移動し、ダイニングに向き合うオープンキッチンとした。Ｔさんが選んだのが、ステンレスのシステムキッチンとイタリアのメーカーのダイニング家具だ。歳月を重ねた梁や柱の重厚さに若々しさが絶妙に調和するモダンな空間に仕上がり、都会的なセンスが旧家の魅力を引き出すリフォームとなった。

case03

右／家族が集う居心地の良いダイニング。 中／元どおりに修復された外観。 左／玄関から奥まで続く通り土間はそのまま残している。

京町家への愛着に快適さをプラス

O邸

京都府京都市
築後年数 約 80 年
改修面積 278.00㎡

築約80年の京町家を、息子さんの結婚を機に大きくリフォームしたO邸。がらりの格子に虫籠窓、煙出し屋根に玄関の奥まで続く通り土間。昔ながらの佇まいはそのまま残しながら、4世帯6人の家族が快適に暮らせる家を目指した。

全員で食卓を囲むリビングダイニングは、段差を減らし、床暖房に。傷んでいた水まわりは、最新設備に一新。2階にあった祖母の寝室は、1階の離れをバリアフリーの洋間にして移動した。若夫婦の部屋は、小屋裏に断熱材を入れ、素通しだった虫籠窓にサッシを入れて、気密性をアップ。お互いのプライバシーは守りながら、わいわいと家族が集う町家の暮らしが続いている。

case04

右／昔ながらの雰囲気を残した外観。 中／玄関から LDK に向かう長い廊下。右側の和室と左側の壁面収納の建具を統一。 左／キッチンを吹抜けにして、2 階のトップライトから光を取り入れた。

光を取り込む工夫を凝らし明るい町家に

N邸

京都府京都市
築後年数 約 100 年
改修面積 110.40㎡

間口が狭くて奥に長いうなぎの寝床。採光が難しく、広々した空間が取りにくい京町家を、明るくてのびやかな住まいに再生したのが、築約１００年のN邸だ。

外観はあくまで京町家の風情だが、中に入ると雰囲気ががらりと変わる。和室につながる白木の障子と同じデザインで揃えた壁面収納が、エントランスから廊下へと続く。その奥には2階のトップライトからキッチンに光が降り注ぐモダンなＬＤＫが広がっている。

他にも畳下や屋根裏に収納を設けたり、物干しスペースを広げてルーフバルコニーにしたりと、光と広さを感じる工夫が随所に施され、Nさん一家は日々暮らしやすさを実感しているという。

case05

右／出格子を開閉可能な格子戸にして、介護時の出入り口に。　左／納戸を減築し和室の採光を確保。

高齢のご両親と町並みに配慮

Y邸

奈良県宇陀市
築後年数 約100年
改修面積 134.00㎡

築約100年を超え、老朽化で傾いた家に暮らす高齢のご両親を案じ、安全で暮らしやすい家にしたいと希望したYさん。

それには二つの課題があった。増改築を繰り返してきた家の状態を細かく把握して、減築と躯体の補修を行うこと。そして、町並みを損なわない外観に仕上げることだ。

Y邸のある宇陀松山は、古くから続く商家町として重要伝統的建造物群保存地区に指定されている。まちづくりセンターと協議を重ね、格子の太さや間隔、軒裏天井の形状など、地域特有の意匠も復元。町並み保存への配慮が認められ、リフォーム補助を受けることができた。

いま注目される「町家」再生

case06

上右／リビングダイニングとウッドデッキに続く廊下に面した中庭。　上左／全面収納スペースの2階部分。　下／1階リビングダイニング。吹抜けにしたことで、採光だけでなく町家らしい趣が生まれた。

開放感があってバリアフリー暮らしやすい家に

H邸

京都府
築後年数 約100年
改修面積 91.00㎡

築約100年の京町家H邸は、段差の多さや、採光の悪さなど、町家だから仕方がないと諦めていることが多かった。しかし、傷んできたトイレと風呂の改修を迫られたことをきっかけに不便を解決することに。

まず、暗かった1階に光を取り込むため、和室をなくし、庭に面した吹抜けのあるリビングダイニングにし、高い位置にも採光のための窓を新設。見違えるほど明るく開放感のある空間に生まれ変わった。さらに、中庭の向こう側に室内から廊下でつながったウッドデッキを作って洗濯物を干せるようにするなど、生活動線も改善。物置のようだった中庭が庭として蘇った。段差をなくし、車椅子が通りやすいように部屋の開口はすべて引き戸にして、バリアフリーにも配慮している。

case07

町並み保存の補助金を活用して

M邸

大阪府岸和田市
築後年数 約 140 年
改修面積 99.45㎡

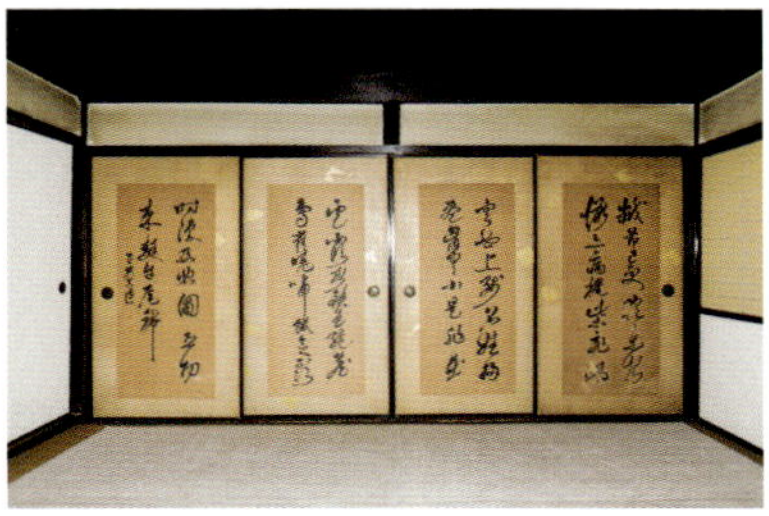

上／外観。町並みを支える堂々とした構え。地域特有の伝統的な屋根の形式「錣（しころ）葺き」を継承。中／見事な和室がいくつもあり、建具も残っていた。下／モダンな居間は、シロアリ被害に遭っていた梁を取り替えた。

岸和田城の西側、参勤交代路として栄えた紀州街道沿いに、今も城下町の趣を保つエリアがある。その一角に立つ築約１４０年のM邸も、厨子《つし》2階や出格子を備え、堂々とした大店《おおだな》の構えだ。老朽化による雨漏りやシロアリ被害でかなり傷んでいたが、市の助成を受けて見事に修復できた。

市の歴史的まちなみ保全地区に指定されているため、建物に手を入れるときは計画から市と協議しなければならず、助成制度を利用するにも煩雑な手続きが必要。「住友林業ホームテックだからすべて安心して任せられました」とMさん。「家だけでなく町並みもよみがえったようで嬉しいですね」。

case08

みんなが気軽に立ち寄れる店に

U邸

滋賀県
築後年数 約 100 年
改修面積 220.00㎡

旧東海道の宿場町で、江戸時代から呉服店を営むU邸は、築１００年を数える町家だ。店を切り盛りする70代のUさんは、段差の大きな土間や急勾配の箱階段の暮らしに限界を感じるようになり、先々を見据えてリフォームすることに。直せるものはできるだけ直し、古材を使って元の家の雰囲気は残しながら、耐震性を上げ、暮らしやすいバリアフリー住宅に改修した。

昔を知る誰もが驚くのが、店舗部分だ。低く圧迫感のあった天井を、厨子2階まで吹抜けにしたことで気持ちの良い空間に。新調した建具などから漂う木の香りも、落ち着きと爽やかさを添える。訪れる観光客から「木の香りがすてきですね」と話しかけられることが増えたのも嬉しい効果だ。

上／外観。店舗の入り口にはあえて明るい白木の建具を。　下右／吹抜けにした店舗。下左／土間に床を張り、機能的なシステムキッチンを新設した。

右／外観。新設の白木部分と古い部分が違和感なく調和。　左／天井裏に隠れていた小屋梁を現しにし吹抜けに。開放感のある店内は、昔からのお客様にも好評だ。

古いものを残し、新旧を違和感なく

K邸

奈良県奈良市
築後年数 約90年
改修面積 170.52㎡

東大寺に近い若草山の麓に、日本最古の墨メーカーの製品を販売する築約90年の店舗がよみがえった。店主がもっとも気にかけたのは、昔からのお客様が違和感を感じないようにいかに外観に古さを残すか。そこで、新設した木部はあえて白木にし、それ以外はなるべくそのまま残すことにした。

一方、店内は梁を現しにした吹抜けの大空間へと変身を遂げた。この大空間を実現するために、耐力壁の新設や既存の細い梁の入れ替えなどで構造を補強。制震ダンパーで耐震性を高めている。また、店内の温度を一定に保てるよう入り口にエアカーテンを設置。冬場に扉が開いていても店内は暖かく、高熱費が約5パーセント削減できたという。

大空間の中に落ち着いた和室を新設。接客や書道教室などに使っている。

明治の職人仕事そのままに

T邸

千葉県市川市
築後年数 約130年
改修面積 155.00㎡

明治時代初期に建てられ、戸長役場や御旅所として、地域の人々を長く支えたT邸。住友林業ホームテックの担当者を交えて家族会議を重ね、納得いくまで話し合ってたどり着いたのは、職人の手仕事が生き続けるこの日本家屋の良さを引き継ごうということだった。

市の景観賞を受賞していた外観の維持はもとより、梁や土間、建具や欄間なども傷んだ部分は入念に修復して再現。一方、二つの和室は天井を高くして床暖房のリビングに、水まわりには最新設備を入れ、複層ガラスサッシで快適性も高めた。同時に耐久・耐震性を向上させ、安心して次世代につなげる家になった。

下／市の景観賞を受賞した風情ある外観。上右／創建時に祝いの品だった書をアクリル板で保護し、階段の扉に。　上左／たくさんの人を迎えてきた土間。建具は組み直し調整した。

次代へ引き継ぐ、安全で快適な住まいへ

旧家再生の技術

**長い歴史を重ねてきた旧家を次代へ引き継ぐためには、
伝統構法を活かす技術と最適な施工が欠かせない。
住友林業ホームテックならではの旧家再生技術を紹介しよう。**

生きた「木の文化」を守る旧家再生を使命として

住友林業の創業は1691年（元禄4年）にさかのぼる。以来、3世紀を超えて森を守り育て、木材を活かす事業を主軸に活動してきた。自然と共生し、社会に役立つ仕事をするという住友林業の精神は、グループ全体を貫いて脈々と受け継がれている。

地元の山から伐り出した良質な木材を適材適所に使い分けた太い大黒柱や梁。先人の知恵と技が光るこまやかな細工。旧家にはかけがえのない日本の「木の文化」が時を超えて宿っている。これに磨きをかけてよみがえらせ、現代の暮らしに合わせて安全で快適な住まいとして次代に引き継ぐ。それは古き良き景観を残すことにもつながっていくだろう。住友林業ホームテックは、旧家再生を、住友林業グループのリフォーム専門企業としての使命だと考えている。

長い歳月を耐え、代々の家族を守ってきた旧家は、「伝統構法」で作られている。釘や金物を使わ

旧家の再生ならではの技術

曳家《ひきや》

家をそのまま移動する「曳家」。柱、梁、屋根を傷めないよう建物の各部分に無理なく均等に力を加える伝統技術だ。

揚家《あげや》

曳家同様に家を傷めずに全体をジャッキアップして浮かせる「揚家」。現行の建築基準法に適合する基礎を新設する場合などに用いる。

ねじれの修正

ワイヤーやジャッキを使って架構のねじれを修正する「建て起こし」。新しい柱を追加して、より強固な構造にする。

茅葺き屋根

茅がきれいに切り揃えられた茅葺き屋根の軒先は、茅葺き職人の腕の見せどころだ。化粧垂木と相まって、美しい表情に仕上がっている。

ず、木を立体的に刻んで継手・仕口という接合部分を作り、柱・梁などの架構を組み立てる工法だ。木には粘りがあるので、地震などの外からの力も吸収する。住友林業ホームテックは、高度な職人技を要するため失われつつあるこの伝統技術に学び、気候風土や文化により地方ごとに異なる工法も蓄積してきた。それらを旧家再生研究所を通じ、全社で共有している。

同時に、旧家を未来につないでいくための新しい工法や技術の開発にも積極的だ。たとえば、木の総合的な活用に取り組む住友林業筑波研究所では、住宅の基本性能の研究開発をはじめ、環境負荷低減技術や、ライフステージ変化に対応した住まいの提案など、「新しい木の住まい」と「暮らしやすさ」に関する最新の研究開発を行っている。ここで生み出された在来工法住宅の技術を応用し、住友林業ホームテック独自の伝統構法に特化した技術も開発している。そして、その成果の一部は、在来工法住宅のリフォーム技術にもフィードバックされている。

最新技術を生み出す住友林業筑波研究所

1991 年に茨城県の「筑波研究学園都市」に設立された。
25,000㎡の敷地に、「資源」「材料」「住宅」の
3分野の研究開発を行うさまざまな実験・研究設備を備えている。

住生活環境実験棟

実物大の空間や環境で、建物の性能や心理・生理の反応を評価し、快適・健康な住まいを研究。

恒温実験棟

シロアリ観察室では、食害の激しいイエシロアリを用いて、環境に優しい薬剤の防蟻効果を検証している。

耐火検証棟

建屋内に大型耐火炉を設置し、中大規模木造建築の構造部材の耐火性能を検証。

人工環境実験棟

暴風雨を再現して防水性を検証したり、全国の気候を人工的に作り出して断熱性能や結露性状を検証する。

構造実験棟

実物大の建物に地震や台風を想定した力を加えたり、壁や床に力を加え、強度を測定するなど大掛かりな装置による実験を行う。

豊富な施工データを蓄積
最適な補強プランを体系化

ひとくちに旧家と言っても、立地条件や手入れの状態によって老朽化の度合いは大きく異なり、同じものは一つとしてない。それが旧家再生の難しさだ。旧家再生研究所では豊富な施工データを蓄積し、そこで得た知恵と技術を分類分析。すべての担当者が旧家の構造や状態を的確に調査把握し、最適な技術を駆使できるように旧家再生技術の体系化を進めている。

なかでも、最重要課題は正しい建物調査と耐震診断、適切な補強だ。伝統構法の家は、地震によって横方向の力がかかると建物全体がたわみ、柱と梁の接合部分が動きながら耐える構造になっている。老朽化によって損なわれた耐力をどのように補強していくか。住友林業ホームテックではその方法を大きく五つに分類し、建物の状態や法的規制、またコスト面など、お客様が要望する諸条件に対して最適な補強方法を導き出す独自のシステムを構築している。

旧家の耐震・制震補強方法を体系化

住友林業ホームテックでは豊富な施工データを分類分析し、
最適な耐震・制震補強方法を迅速に提案できるよう
体系化している。

体系化の一例

「脚部補強パターンと耐震・制震補強（施工編）」

パターン1

基礎新設と耐力壁による補強

現行の建築基準法に適合するよう、コンクリートの基礎を新設し、耐力壁で補強する。

- ジャッキアップなどにより現行基準法に適合した基礎を新設。
- 梁材の新設などにより同一レベルの水平構面を形成。
- 水平構面を形成した梁下に耐力壁を設置。
- 現行基準法に適合するよう柱頭柱脚金物を設置。

パターン 2

部分基礎新設による補強

主要な構造柱や耐力壁の下にのみコンクリート基礎を新設、耐力壁で補強する。

- ジャッキアップせずに、部分的に現行基準法に適合した基礎を新設。
- あるいは、玉石を残し、既存柱の間にコンクリート基礎を新設。
- 打設するコンクリートと既存木部が接しないよう防水に注意。
- 既存丸太梁下に梁を新設して耐力壁を設置。

パターン 3

RC 造スラブ打設による補強

建物下全面に鉄筋コンクリート造のスラブ基礎を新設して補強する。

- 地盤不良だが地盤補強ができない場合などに、ジャッキアップして玉石を除去し、鉄筋コンクリート造のスラブ基礎を新設。
- 建物の耐震、制震補強どちらにも対応。
- 既存丸太梁下に梁を新設して耐力壁を設置。

パターン 4

耐力壁による補強

鉄筋コンクリート造耐圧盤を打設して脚部を補強すると同時に、耐力壁で補強する。

- 既存丸太梁下に梁を新設して耐力壁を設置。
- 玉石を残したまま鉄筋コンクリート造耐圧盤を主要区画ラインに打設。
- 耐力壁を設置したスパン内の土台と足固めを補強。
- 土台と柱を金物止めして浮き上がりを防止。

パターン 5

制震ダンパーによる補強

制震ダンパーを設置して、制震補強する。

- 揺れながら耐える伝統構法の建物に適した制震補強。
- 土台は既存のまま、内壁設置型のハイブリッド制震、または土台、足固め、柱と梁の接合部分のいずれかにエネルギー吸収ダンパーを設置。混在も可。

旧家を安全快適に再生するオリジナル技術

　五つに分類した耐震補強方法に合わせて導入されるオリジナル工法は、実際の大地震を想定した耐震性能はもとより、コスト、工期の面からお客様の負担を軽減することも含めて考案されている。

　それには大きく二つの工法がある。耐震技術「スミリンREP（レップ）工法」と、制震技術「スミリンCEM（セム）工法」だ。

　「スミリンREP工法」は、建物の耐震性を高めるために必要な「基礎・土台」「柱・梁」「床・壁」の強化補強のために開発された。その内容は多岐にわたるが、なかでも和室の真壁を床と天井を傷めずに補強する「剛節ビーム耐力壁」と、傷んだ部分だけを補強して既存の柱を活かす「柱の根継ぎ工法」は、旧家再生に欠かせない技術だ。

　もう一つの「スミリンCEM工法」は、独自開発の制震ダンパーを用いた制震技術。地震の揺れを吸収・低減して建物の揺れを抑え

旧家再生のオリジナル技術

スミリン REP 工法

低コストで和室の真壁を耐力壁に

剛節ビーム耐力壁

従来、和室の真壁を耐力壁にするには大掛かりな工事が必要なため避ける傾向があった。そこで、柱間に水平に設置する「剛節ビーム金物」を開発。天井や床、長押や鴨居を取り外すことなく施工できるので、低コストで真壁を耐力壁にできるようになった。

施工しやすく強度が高い

柱の根継ぎ工法

一般的に腐朽した柱の根継ぎは金輪継などの伝統技術で行われるが、熟練した技術が必要なこと、引張強度が弱いことなどの問題点がある。オリジナル開発の「柱の根継ぎ工法」は加工が容易で、しかも引張強度、曲げ強度、座屈強度などで高い強度を実証している。

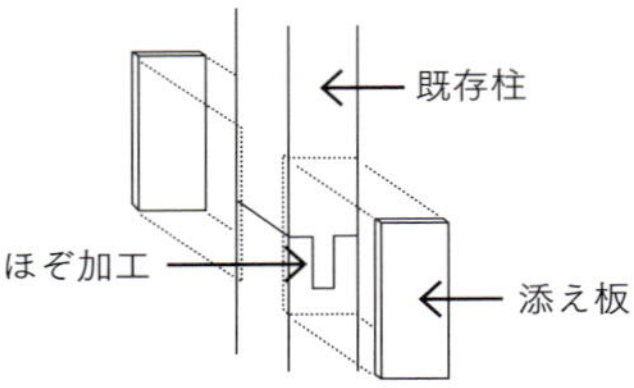

スミリン CEM 工法

東日本大震災で優れた威力を発揮

震度7の激震が襲った東日本大震災。2011年3月11日以前にスミリンCEM構法で制震補強した宮城県のT邸を地震後に調査させていただいたところ、1階にクロス割れや和室塗り壁の軽微な損傷が見られたのみだった。Tさんのお話では「本震時にはほとんど建物に損傷がなく、しばらく近隣の避難所がわりになっていた」とのこと。

揺れて耐える伝統構法に最適な制震ダンパー

伝統構法用エネルギー吸収ダンパー

テコの原理を利用した金物に、自動車のショックアブソーバーに使われている油圧ダンパーを組み込んだ住友林業ホームテックオリジナルの制震装置。これを柱と梁、柱と土台の接合部分に取り付け、地震の振動エネルギーを吸収して揺れを抑える制震工法である。

るとともに、繰り返し起こる余震の振動に対しても強さを発揮する。住友林業ホームテックでは、一般的な木造軸組工法の2階建て住宅用とは別に、伝統構法建築物のためにオリジナルの制震ダンパーを開発。2012年に実施した阪神・淡路大震災を想定した加振実験において、ダンパーを装着した試験体で、約50パーセントの揺れを抑える高い制震効果が実証された。

もう一つ、旧家の快適性の向上に不可欠なのが、断熱・気密リフォームだ。高温多湿な日本の気候に合わせたつくりだからこそ長い歳月を超えてこられたとはいえ、旧家の隙間風と寒さに悩む人はとても多い。旧家再生では最初の建物調査で構造体全体の状態とともに天井、床、壁の断熱・気密状況も把握して、最適な補強計画を進めている。たとえば、窓ガラスを断熱性の高い複層ガラスサッシに変えることでも断熱・気密性能は格段に向上する。季節や気温変化に左右されにくい住まいになると冷暖房効率も良くなるため、省エネにも大きな効果を発揮する。

快適性と省エネ効率がアップ

断熱技術の例

壁

内張り断熱遮音工法

既存の内部壁を解体せずにその上から独自開発の断熱吸収シートを張り付ける工法。断熱性能と遮音性能を高められる。

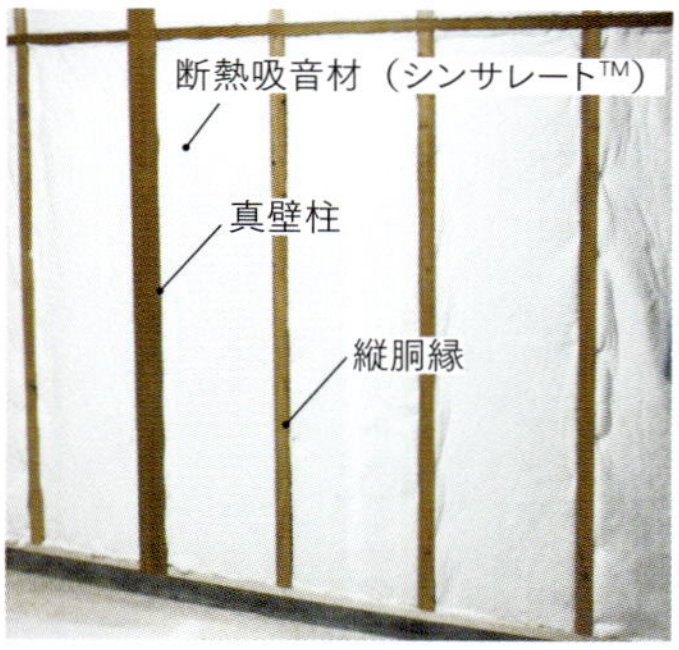

本工法の断熱効果

サーモカメラで測定したところ、本工法の施工によって外表面温度に約2.5℃もの差が認められた。

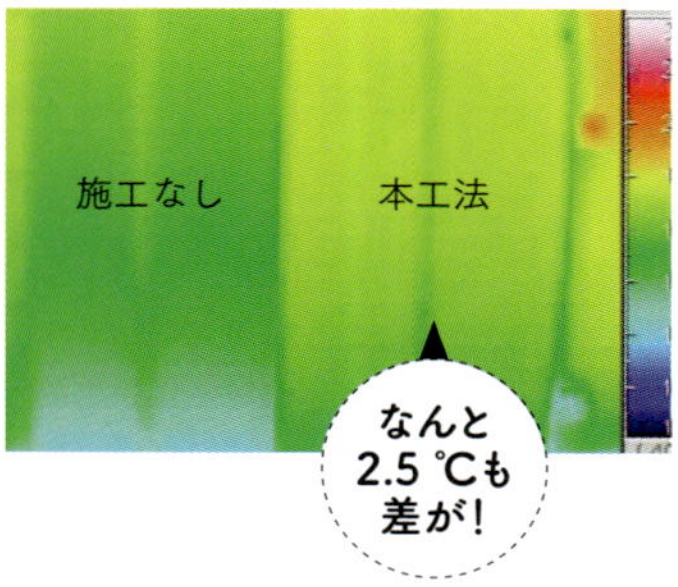

シンサレート厚20㎜　熱伝導率0.034W／m･K（グラスウール10K厚30㎜程度の断熱性能）　＊気温0℃、室温20℃の定常条件で無断熱の壁に施工した場合

天井

小屋裏敷込み断熱工法

防湿フィルム付きの断熱材を小屋裏に隙間なく敷込むことで、冷暖房効果を高める。解体不要なため、工期が短い。

床

床下充填断熱工法

床下に入って、床下にボード状の断熱材を張り付ける。住みながらの施工が可能。

サッシと窓

二重化工法

既存サッシの内側にサッシを新設。窓まわりからの冷気や隙間風を改善し、防音効果も高められる。

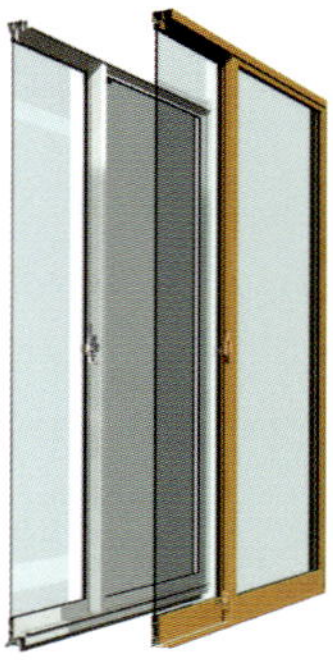

Low-E 複層ガラス

用途に合わせて選べる「遮熱型」と「断熱型」がある。冬の暖かい陽射しは入れるが、室内の熱は外に逃さない「断熱型」を南側窓に、夏の陽射しをカットして冷房効果を高める「遮熱型」を西側窓に設置することで、熱を効果的にコントロールすることができる。

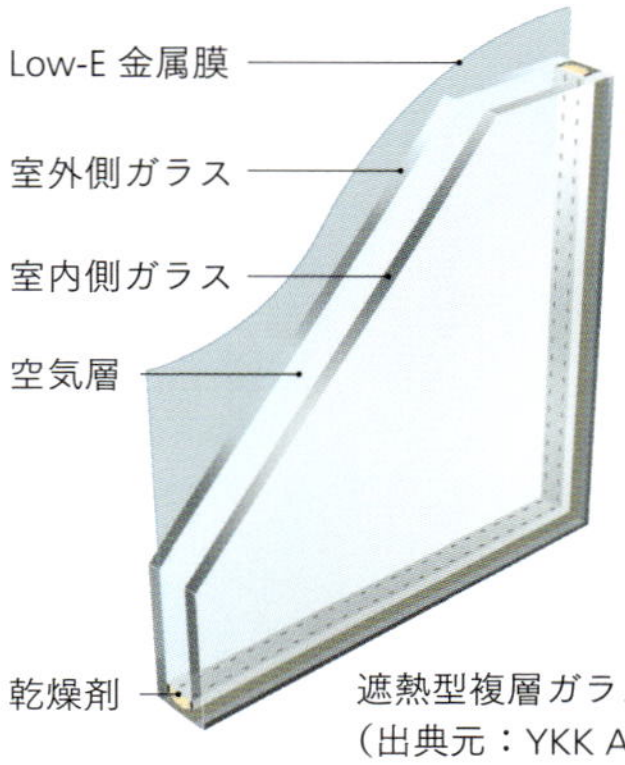

遮熱型複層ガラス
（出典元：YKK AP）

日本の財産である旧家を住み継ぐお手伝い。「百年のいえ倶楽部」にご入会ください。

旧家の良さを活かしながら、現代の暮らしに合った機能や設備を取り入れて快適な住まいにしたい。そんなご要望にお応えして、長年、旧家リフォームを手がけてきた住友林業ホームテックは、日本の伝統的な建築を後世に伝えていくためのさまざまな活動を行っています。2008年に設立した「旧家再生研究所」では、旧家の実態に即した耐震、省エネ、バリアフリーなどのリフォーム技術を研究開発しています。また、旧家リフォームの実例を紹介する書籍『温故知新のリフォーム』シリーズもこの巻で5冊目となります。

そして2013年には、会員制の「百年のいえ倶楽部」を開設しました。先祖代々住み継がれてきた旧家を次代につなげるお手伝いをさせていただくために、さまざまなサポートサービスや情報をご

熊本県　Y邸
築後年数 約330年（一部約170年）

創建、元禄九年。奥まで見通す四十九畳の座敷。流麗な欄間に職人の意気が宿る。

三重県　H邸　築後年数 約50年

旧家らしい和室は既存のまま建具などを調整。LDKは明るい和モダンに。

会員特典

1. 新規ご入会の方には無料建物診断を実施。M
2. 旧家に住み替え時の仲介手数料 10%割引。M O
3. リフォーム工事代金 3%の特別永久割引。M O
4. 旧家リフォームのご相談窓口を設置。M O
5. 旧家のための長期有償メンテナンス制度。O
6. 歴史的建築物などを見学する定期的な交流会やセミナーを開催。O
7. 入会お申込みいただいた方に書籍『温故知新のリフォーム』を進呈。 M O
8. お役立ち情報満載のメルマガを配信。M O
9. 定期刊行誌『リフォレスト』のお届け。M O
10. 旧家リフォーム後の写真入りポストカード 100 枚をプレゼント。M
11. 三井住友信託銀行のサポートサービスの提供。M O
（※住友林業ホームテックは会員様のお申し出により、三井住友信託銀行様をご紹介いたします）
12. 「セコム・ホームセキュリティ」、安心・安全のサービス。 M O

M メンバーズ会員／これから旧家を所有される方・旧家をリフォームされる方

O オーナーズ会員／住友林業ホームテックにて旧家リフォームをされた方

※ 住友林業ホームテック施工エリア内での工事が対象となります。

百年のいえ倶楽部

提供し、また会員様同士の交流の場を設けています。大好評の「旧家見学・交流会」は、毎年開催を予定しております。

旧家にお住まいの方や、旧家所有をお考えの方には、ぜひご入会くださいますようご案内申し上げます。詳細につきましては、住友林業ホームテックへお問い合わせください。下記のフリーコール（通話料無料）におかけいただきますと、最寄りの支店・営業所へおつなぎします。

福岡県　M邸　築後年数 約110年

百十年の歳月を支えた梁を現して吹抜けに。北側キッチンに天窓の光が注ぐ。

柱梁、差鴨居、貴重な材を大切に残し、制震ダンパーで頑強な構造に。

福島県　S邸　築後年数 約200年

玄関ホールとリビングの天井をはずして梁を現しに。心地良い重厚感が生まれた。

大阪府　A邸　築後年数 約80年

詳細は住友林業ホームテックにお気軽にお問い合わせください。

フリーコール **0120-5-46109** お近くの支店・営業所につながります。

◉住友林業ホームテック支店・営業所

［北海道エリア］
札幌支店
［東北エリア］
仙台支店
山形店
福島支店
いわき駐在
［北陸エリア］
北陸支店
福井店
富山支店
［関東エリア］
東京マンション営業部
池袋支店
東京東支店
城南支店
東京西支店
多摩支店
東京南支店
神奈川西支店
横浜支店
横浜北支店
湘南支店
千葉支店
成田支店
京葉支店
柏支店
埼玉支店
埼玉北店
埼玉南店
埼玉東支店
埼玉西支店
群馬支店
両毛店
宇都宮支店
小山支店
水戸支店
つくば支店
［甲信越エリア］
甲府支店
信州営業所
松本店
新潟支店
［東海エリア］
名古屋支店
名古屋北営業所
岡崎支店
豊橋店
静岡支店
静岡東支店
浜松支店
三重支店
津支店
岐阜支店
［関西エリア］
大阪マンション営業部
大阪支店
大阪北支店
大阪南支店
京都支店
北近畿支店
滋賀支店
和歌山支店
奈良支店
奈良南支店
神戸支店
阪神支店
姫路支店
［中国・四国エリア］
広島支店
呉駐在
福山支店
岡山支店
山口支店
松山支店
新居浜支店
高知駐在
高松支店
徳島店
［九州エリア］
福岡支店
西九州店
北九州営業所
大分駐在
熊本支店
鹿児島店

2015年12月現在

温故知新のリフォーム　五
「旧家再生」をめぐる再発見
旧家再生研究所　編

2016年2月10日　初版第1刷発行
2020年3月20日　　　第3刷発行

監　修　　住友林業ホームテック株式会社
発行所　　株式会社建築資料研究社
〒171-0014　東京都豊島区池袋2-10-7-6F
TEL 03-3986-3239（出版部）
URL https://www.kskpub.com
印刷・製本　　大日本印刷株式会社

©Sumitomo Forestry Home Tech Co.,Ltd.　2016
Printed in Japan
ISBN978-4-86358-392-4
乱丁・落丁などの不良品がありましたら、建築資料研究社宛にお送りください。
送料小社負担にてお取り替えいたします。
法律で認められた場合を除いて、本書からの複写・転載（電子化含む）は
禁じられています。また、代行業者等の第三者による電子データ化、
および電子書籍化は、いかなる場合も認められていません。

FSC www.fsc.org ミックス 責任ある木質資源を使用した紙 FSC® C006469
VEGETABLE OIL INK